Bouillon de poulet
pour l'âme de la femme

25 déc 2002
Rosanne
Gauthier

(cadeau surprise chez Do)
Ghislain

De Jack Canfield
aux Éditions J'ai lu

En édition de poche :
Bouillon de poulet pour l'âme – 80 histoires qui réchauffent le cœur et remontent le moral (*avec Mark Victor Hansen*), J'ai lu 7155
Bouillon de poulet pour l'âme - 2 – De nouvelles histoires qui réchauffent le cœur et remontent le moral (*avec Mark Victor Hansen*), J'ai lu 7241

Dans la collection Équilibres :
Bouillon de poulet pour l'âme - 2 – De nouvelles histoires qui réchauffent le cœur et l'âme (*avec Mark Victor Hansen*), *Équilibres* 6018
Bouillon de poulet pour l'âme de la femme – Des histoires qui réchauffent le cœur et l'âme (*avec Mark Victor Hansen, Jennifer Read Hawthorne et Marci Shimoff*), *Équilibres* 6043
Bouillon de poulet pour l'âme au travail– Des histoires de courage, de compassion et de créativité, *Équilibres* 6064

**JACK CANFIELD,
MARK VICTOR HANSEN,
JENNIFER READ HAWTHORNE
ET MARCI SHIMOFF**

Bouillon de poulet pour l'âme de la femme

Des histoires qui réchauffent le cœur et l'âme

Traduit de l'américain par
Annie Desbiens et Miville Boudreault

Bien-être

Titre original :
CHICKEN SOUP FOR THE WOMAN'S SOUL
101 STORIES TO OPEN THE HEARTS
AND REKINDLE THE SPIRITS OF WOMEN

© 1996 par Jack Canfield, Mark Victor Hansen,
Jennifer Read Hawthorne et Marci Shimoff
Published under agreement with Health Communications, Inc.
Deerfield Beach, Floride (É.-U.)
and Éditions Sciences et Culture, Montréal, Canada

Pour la traduction française :
© Éditions Sciences et Culture Inc., 1997

Dédicace

Nous dédions affectueusement ce livre aux 2,9 milliards de femmes remarquables qui vivent en ce monde. Puissent ces histoires toucher leur cœur et nourrir leur âme.

Nous aimerions également dédier ce livre à nos parents : Ellen Taylor et Fred Angelis, Una et Paul Hansen, Maureen et Brooks Read, ainsi que Louise et Marcus Shimoff. Merci de nous avoir donné ces présents extraordinaires que sont la vie et l'amour.

Les citations
Pour chacune des citations contenues dans cet ouvrage, nous avons fait une traduction libre de l'anglais au français. Nous pensons avoir réussi à rendre le plus précisément possible l'idée d'origine de chacun des auteurs cités.

Sommaire

Remerciements 11
Introduction 17

1. L'amour
Le gardénia blanc *Marsha Arons* 23
Trois petits mots *Bobbie Lippman* 26
Les présents d'amour *Sheryl Nicholson* 29
L'autre femme *David Farrell* 33
Ramona *Betty Aboussie Ellis* 37
Les chandeliers électriques *Marsha Arons* 40
Plus qu'une bourse d'études *Stephanie Bullock* 45
Ça ne peut faire de mal *Sandy Ezrine* 49
Bonne nuit, ma chérie *Phyllis Volkens* 51
Le cadeau de grand-papa *Page Lambert* 56
1 716 lettres *Louise Shimoff* 60
L'ingrédient secret de Martha
    Magazine Reminisce 63

2. L'attitude et l'estime de soi
La légende des deux villes
    The Best of Bits & Pieces 69
La pirate *Marjorie Wallé* 70
Que cultivez-vous ? *Philip Chard* 72
Grand-maman Ruby *Lynn Robertson* 75
Problème ou solution ? *Edgar Bledsoe* 77
La véritable beauté *Charlotte Ward* 79
Le mot d'Angela *Barbara K. Bassett* 81
Dites seulement oui *Fran Capo* 84
Le don du bavardage *Lynn Rogers Petrak* 87
L'épouvantail de la classe *Linda Jessup* 90

3. L'adversité

Nous revenons de loin *Pat Bonney Shepherd* 99
Au nom de la justice *The Best of Bits & Pieces* 105
Quelle tête ! *Alison Lambert et Jennifer Rosenfeld* ... 107
Je veux être comme vous *Carol Price* 111
La voiturette rouge *Patricia Lorenz* 114
Les empreintes de la vie *Diana Golden* 120
La liberté *Laurie Waldron* 124
Les larmes de joie *Joan Fountain et Carol Kline* 128

4. Le mariage

Retour à la maison *Jean Bole* 135
Paris au printemps *Jennifer Read Hawthorne* 141
Une poignée d'émeraudes *Rebecca Christian* 143
Perdu et retrouvé *Elinor Daily Hall* 146
La carte de Saint-Valentin *Elaine Reese* 150
Pour toute la vie *Jeanne Marie Laskas* 153

5. La maternité

Tu ne regretteras rien *Dale Hanson Bourke* 159
En te regardant dormir *Diane Loomans* 163
La fugue *Lois Krueger* 166
Faire une pause *The Best of Bits & Pieces* 169
Le jour de la rentrée *Mary Ann Detzler* 170
Par amour pour toi, mon enfant *Patty Hansen* 174
La fête des Mères *Sharon Nicola Cramer* 176

6. Moments privilégiés

J'étais pressée *Gina Barrett Schlesinger* 181
La bonté ne se mesure pas *Donna Wick* 183
Le dernier pot de confiture *Andy Skidmore* 186
Conte de Noël *Beverly M. Bartlett* 190
Qui a gagné ? *Dan Clark* 192
Les tennis de Mme Bush *Christine Harris-Amos* 193
Léger comme une plume *Melody Arnett* 196

365 jours *Rosemarie Giessinger* 201
La face cachée des êtres *Grazina Smith* 205

7. Les rêves
Le vent dans les ailes *Carol Kline et Jean Harper* 211
Que voulez-vous devenir ?
   Révérend Teri Johnson 215
Les A.I.L.E.S. *Sue Augustine* 217
Grand-maman Moses et moi
   Liah Kraft-Kristaine 221
Nous sommes tous ici pour apprendre
   Charles Slack 223
Une chambre pour soi *Liah Kraft-Kristaine* 226
Ma rencontre avec Betty Furness
   Barbara Haines Howett 230

8. La vieillesse
Les grands-mamans dansantes
   Beverly Gemigniani et Carol Kline 237
Histoire d'amour moderne pour gens
   de 70 ans et plus *Lillian Darr* 241

9. La sagesse
La pierre précieuse d'une sage
   The Best of Bits & Pieces 247
Let It Be *K. Lynn Towse et Mary L. Towse* 248
Nous ne sommes pas seuls *Mary L. Miller* 252
Un miracle à Toronto *Sue West* 255
Histoire de guerre *Maureen Read* 260
Un lien viscéral *Susan B. Wilson* 263
L'amour à son plus haut degré
   Suzanne Thomas Lawlor 266
Pourquoi les choses sont telles qu'elles sont ?
   Christy Carter Koski 270

10. De génération en génération
La mise au monde *Kay Cordell Whitaker* 275
La poupée de grand-mère *Jacqueline Hickey* 276
Promenade au bord du lac *Rita Bresnahan* 281
Devenir une femme *Doni Tamblyn* 288
Hommage à mon père *Debra Halperin Poneman* 291
Souvenirs d'enfance *Sasha Williams* 296
La trame de nos vies *Ann Seely* 300
Hommage aux femmes que j'ai rencontrées
   Révérend Melissa M. Bowers 305

À propos des auteurs :
   Jack Canfield, Mark Victor Hansen,
     Jennifer Read Hawthorne et Marci Shimoff ... 308
Autorisations 316

Remerciements

Il a fallu plus d'une année pour écrire, compiler et préparer ce *Bouillon de poulet pour l'âme de la femme* ; nous y avons mis tout notre cœur. Nous sommes réellement heureux d'avoir travaillé avec des gens qui ont donné non seulement leur temps et leurs efforts, mais aussi leur cœur et leur âme. Aussi tenons-nous à remercier les personnes suivantes pour leur dévouement et leur contribution ; sans elles, ce livre n'aurait pu voir le jour.

Nos familles qui, tout au long de ce projet, nous ont soutenus et entourés d'affection. Elles ont été notre bouillon de poulet à *nous*.

Dan Hawthorne, qui a cru en nous et en la pertinence de ce livre. Merci, Dan, tu nous as aidés à garder les choses dans leur juste perspective et à ne pas nous prendre trop au sérieux. Nous apprécions au plus haut point ton amitié et ton merveilleux sens de l'humour !

Rusty Hoffman, pour son affection inconditionnelle, son appui de tous les instants, son cœur généreux et sa connaissance de l'Internet. Rusty, merci de nous avoir sans cesse rappelé de jouir du moment présent. Tu es un véritable saint !

Maureen H. Read, pour sa lecture de centaines d'histoires, ses précieux commentaires, sa présence et ses encouragements. Nous t'aimons !

Louise et Marcus Shimoff, pour leur soutien sans faille et leur affection. Merci de votre disponibilité. Vous avez toujours été là pour aider à la recherche et vous avez été une de nos meilleures sources d'histoires. Nous vous aimons !

Elinor Hall, qui a participé à chaque étape de ce projet en dirigeant les bureaux de *Bouillon de poulet pour l'âme de la femme*, en effectuant de la recherche et en apportant son soutien moral. Aucune tâche n'était trop difficile ou trop insignifiante pour toi et nous te remercions d'avoir été pour nous une source d'amour, d'amitié et de bonheur. Elinor, rien n'aurait été possible sans toi !

Ron Hall, pour son extraordinaire sensibilité, sa vision et son amour.

Carol Kline, pour son immense talent comme lectrice et chercheuse d'histoires. Merci d'avoir interviewé plusieurs femmes et d'avoir consigné par écrit leurs témoignages pour les publier dans ce livre. Carol, nous te sommes reconnaissants pour ton amour et ton amitié.

Joanna Cox, qui a inlassablement tapé le premier manuscrit sans jamais montrer le moindre signe d'impatience. Nous avons apprécié ton influence apaisante. C'était un plaisir de travailler en ta compagnie !

Nancy Berg et Eileen Lawrence, qui ont accompli un travail de révision remarquable. Merci infiniment d'avoir saisi l'essence même du *Bouillon de poulet pour l'âme* dans les histoires sur lesquelles vous avez travaillé.

Dan Clark, qui nous a fourni de nombreuses histoires et qui a travaillé de longues heures à préparer d'autres histoires afin de nous permettre de respecter l'échéancier.

Suzanne Lawlor, pour son travail de recherche et sa générosité.

Kristen Bernard, Bobby Roth, Susan Shatkin, Emily Sledge et Mary Zeilbeck qui ont collaboré à la préparation des textes.

Peter Vegso et Gary Seidler, de Health Communications Inc., qui ont cru dès le départ à notre série et qui ont permis à des millions de personnes de la lire. Merci, Peter et Gary !

Christine Belleris, Matthew Diener et Mark Colucci, nos éditeurs chez Health Communications Inc., qui nous ont généreusement aidés à produire un ouvrage de grande qualité.

Kim Weiss et Arielle Ford, pour leur fantastique travail de relations publiques.

Patty Aubery et Nancy Mitchell, coauteurs de *Chicken Soup for the Surviving Soul*, qui nous ont conseillés tout au long de la préparation de ce livre et qui ont été une source fidèle d'encouragement et d'inspiration. Patty, merci de ta présence, de tes réponses à nos questions et de ta compréhension. Nancy, merci de ton travail acharné pour obtenir les autorisations nécessaires à la publication des histoires de ce recueil.

Heather McNamara, qui a révisé et préparé le manuscrit final avec tant de facilité, de talent et de clarté. Nous avons vraiment apprécié ta patience et tes suggestions pertinentes. C'est un plaisir de travailler avec toi !

Veronica Valenzuela et Julie Knapp, qui ont veillé à ce que les bureaux de Jack fonctionnent normalement.

Rosalie Miller (Tante Ro), qui a nourri nos corps et nos cœurs durant les dernières semaines de préparation du manuscrit.

Barry Spilchuk, qui nous a alimentés en histoires, en caricatures, en citations et, lorsqu'il le fallait, en biscuits. Barry, merci pour tes encouragements et ton sens de l'humour.

Mark Tucker, qui a parlé de notre projet dans ses conférences à travers les États-Unis. Grâce à toi, nous avons reçu plusieurs centaines d'histoires.

Recie Mobley, Diane Montgomery et Jenny Bryson, qui ont incité les conférenciers professionnels de leurs entreprises à nous fournir des histoires.

Mavis Cordero and Women Inc., qui ont appuyé notre projet et qui nous ont invités à participer à une conférence qu'ils ont tenue pour les femmes à New York et qui s'intitulait : « Uncommon Women on Common Ground ».

Dan Fields, Elaine Glusac, Joann Landreth et Sheryl Vestal, qui ont parlé de *Bouillon de poulet pour l'âme de la femme* dans leurs publications respectives.

Bonnie Bartlett et Elizabeth Caulder, qui nous ont soutenus avec enthousiasme et qui ont passé le mot pour inciter les gens à faire parvenir des histoires.

Aliza Sherman, de Cybergirl Internet Media, qui a conçu notre site Web et nous a donné accès à Internet.

Merci aussi aux personnes suivantes, qui ont accompli une immense tâche, c'est-à-dire lire la première ébauche, qui nous ont aidés à effectuer la sélection finale et qui ont émis des commentaires inestimables dans le but d'améliorer ce livre : Patty Aubery, Kim Banks, Christine Belleris, Pamela Bice, Laura Chitty, Lane Cole, Debbie Davis, Linda Lowe DeGraaff, Pam Finger, Elinor Hall, Jean Hammond, Stephany Harward, Amy Hawthorne, Rachel Jorgensen, Kimberly Kirberger, Robin Kotok, Nancy Leahy, Jeanette Lisefski, Priscilla Lynch, Teresa Lynch, Barbara McLoughlin, Karen McLoughlin, Heather McNamara, Barbara McQuaide, Jackie Miller, Nancy Mitchell, Cindy Palajac, Debra Halperin Poneman, Maureen H. Read, Wendy Read, Carol Richter, Loren Rose, Marjorie E. Rose, Heather Sanders, Wendy Sheets, Louise et Marcus Shimoff, Carolyn Strickland, Paula Thomas, Debra Way et Kim Wiele. Nous vous remercions tous pour votre héroïque collaboration.

Craig Herndon, qui a collaboré à la saisie des textes et à la gestion des données. Craig nous a permis d'être en contact avec les lecteurs des manuscrits afin de nous aider à faire la sélection finale des histoires.

Fairfield Printing, en particulier Stephany Harward et Deborah Roberts, qui nous ont appuyés avec enthousiasme et qui ont presque toujours accepté d'accorder la priorité à *Bouillon de poulet pour l'âme de la femme*.

Jim Rubis et la bibliothèque Fairfield, ainsi que Tony Kainauskas et la librairie 21st Century, qui nous ont beaucoup aidés sur le plan de la recherche.

Rick et Irene Archer, pour leur sens artistique et le superbe matériel promotionnel qu'ils ont conçu.

Felicity et George Foster, pour leur talentueux travail sur le plan du design et des couleurs.

Jerry Teplitz, qui a travaillé avec nous pour concevoir la couverture de ce livre.

Terry Johnson, Bill Levacy et Blain Watson, qui nous ont prodigué des conseils judicieux sur divers aspects de ce projet.

Georgia Noble, qui a ouvert les portes de sa maison dans les derniers jours de préparation du livre et qui nous a fait partager ses idées lumineuses et son amour de la beauté.

M., pour sa sagesse et ses connaissances.

Merci également aux personnes suivantes, pour leur soutien moral et leurs encouragements tout au long de ce projet : Amsheva Miller, Robert Kenyon, Lynn Robertson, Loren et Cliff Rose, Janet Jenkins, David et Sofia Deida, ainsi que tous nos groupes de soutien.

Nous remercions également les collaborateurs des *Bouillon de poulet pour l'âme* précédents, pour l'amour qu'ils ont mis dans ce projet et la générosité avec laquelle ils ont continué de fournir des histoires.

Nous désirons également exprimer notre reconnaissance aux centaines de personnes qui nous ont soumis des histoires, des poèmes et des citations pour *Bouillon de poulet pour l'âme de la femme*. Si nous n'avons pas été en mesure de publier tout ce que nous avons reçu, nous avons été profondément touchés par votre désir sincère d'apporter votre témoignage et de nous faire connaître vos histoires. Merci !

Dans un projet d'une telle envergure, il est possible d'oublier les noms de quelques personnes qui ont aidé d'une quelconque façon. Si c'est le cas, veuillez nous en excuser, et soyez assurés que votre aide a été appréciée.

En conclusion, nous remercions affectueusement toutes les mains et tous les cœurs qui ont rendu ce livre possible !

Introduction

Ce livre a été une véritable bénédiction pour nous. Dès les premiers instants du projet, puis à chacune de ses étapes, nous avons senti l'amour, la joie et l'esprit indomptable des femmes. Nous espérons que vous considérerez également ce livre comme un véritable cadeau.

Pendant plusieurs années, nous avons donné des conférences – souvent devant des auditoires féminins – sur l'importance de vivre pleinement sa vie. Nous avons été touchés et même bouleversés de voir à quel point les femmes désirent ouvrir leur cœur et faire connaître leurs histoires et leurs expériences. Ces femmes sont à l'origine de *Bouillon de poulet pour l'âme de la femme*.

La création de ce livre a été pour nous une suite ininterrompue de miracles ! Nous sentions qu'une main invisible nous guidait sans cesse.

Par exemple, il nous a fallu une année de recherches pour retrouver Phyllis Volkens, l'auteur de « Bonne nuit, ma chérie », afin d'obtenir l'autorisation de publier son histoire. Finalement, c'est un parent éloigné qui nous a dit que Phyllis et son mari vivaient dans l'Iowa, à quelques kilomètres seulement de chez Jennifer et Marci ! Mais plus remarquable encore a été la réaction de Stanley, le mari de Phyllis, à notre appel téléphonique. Il était extrêmement heureux que nous ayons réussi à les retrouver. Il nous a raconté que sa femme et lui étaient des lecteurs assidus de la série *Bouillon de poulet pour l'âme*, mais que Phyllis n'avait plus qu'une semaine à vivre. Il était donc très impatient de lui annoncer que son histoire ferait partie du recueil.

Deux jours plus tard, Phyllis est morte. Son mari nous a raconté par la suite à quel point elle avait été touchée de savoir son histoire publiée.

Les femmes qui ont soumis des histoires nous ont à maintes reprises remerciés de leur avoir donné l'occasion de les mettre par écrit. Ce qui les comblait de joie, ce n'était pas tant de faire publier leurs histoires que de pouvoir les raconter. En écrivant leurs histoires, elles se sentaient libérées et ressourcées.

Ce livre nous a transformés, nous aussi. Nous voyons plus clairement les choses essentielles de la vie. Nous apprécions davantage la nature humaine. Et nous vivons plus intensément le moment présent. Les femmes embellissent le monde par leur ouverture d'esprit, leur compassion et leur sagesse. Nous souhaitons sincèrement que ces histoires vous aident à vous apprécier comme femme et à valoriser vos consœurs. C'est ainsi que nous nous sommes sentis après la lecture du manuscrit.

Comme l'a dit si magnifiquement Mary Michalia, dans une lettre qu'elle nous a adressée :

Toutes les femmes traversent des périodes dans leur vie où se multiplient les attentes à leur endroit : famille, travail, époux, ex-époux, enfants, petits-enfants, parents.

Dans ces moments, il est important, voire essentiel, de prendre du recul, de réexaminer ses priorités et de réfléchir au sens que l'on souhaite donner à sa vie. Car pour qu'une âme puisse nourrir une autre âme et en prendre soin, elle doit elle-même se nourrir. Parfois, on doit dire : « Arrêtez. Écoutez-moi. J'ai une histoire à raconter. »

C'est donc du plus profond du cœur que nous vous offrons ce *Bouillon de poulet*. Espérons qu'il vous fera vivre les miracles de l'amour et de l'inspiration, qu'il parviendra à toucher votre cœur et à vous faire grandir.

Jack CANFIELD, Mark Victor HANSEN,
Jennifer READ HAWTHORNE et Marci SHIMOFF

1
L'amour

*On ne peut voir ni même toucher
ce qu'il y a de meilleur et de plus beau en ce monde.
On ne peut que le sentir
du plus profond de son cœur.*

Helen KELLER

Le gardénia blanc

À partir de l'âge de douze ans, je me mis à recevoir un gardénia blanc chaque année le jour de mon anniversaire de naissance. J'ignorais qui me l'offrait, car aucune carte de vœux ne l'accompagnait ; même les appels chez le fleuriste ne permirent pas d'éclaircir ce mystère, puisque l'achat était toujours réglé comptant. Après un certain temps, j'abandonnai mes recherches, me contentant d'apprécier la beauté et le parfum capiteux de cette fleur magique et parfaite qui m'arrivait nichée dans du papier de soie rose.

Si je ne cherchai plus à savoir qui me l'envoyait, je continuai toujours de l'imaginer. Dans des rêveries qui font partie des moments les plus heureux de ma vie, je me figurais un expéditeur merveilleux et passionnant, mais trop timide ou excentrique pour dévoiler son identité. Pendant mon adolescence, j'avais un plaisir fou à penser que l'expéditeur était peut-être un garçon pour qui j'avais le béguin, ou encore un inconnu qui m'avait remarquée.

Ma mère y allait souvent de ses propres spéculations. Elle me demandait si j'avais été particulièrement aimable envers quelqu'un qui, en retour, me témoignait sa reconnaissance de façon anonyme. Elle me rappela notamment les fois où je faisais de la bicyclette et que la voisine arrivait en voiture avec ses enfants et des sacs d'épicerie : j'aidais toujours cette voisine à décharger sa voiture en veillant à ce que ses enfants n'aillent pas dans la rue. À moins, suggérait ma mère, que le mystérieux expéditeur ne fût le vieil homme qui habitait en face et pour qui j'avais souvent ramassé le courrier durant les mois d'hiver, lui évitant ainsi de s'aventurer dans l'escalier glacé.

Ma mère fit de son mieux pour alimenter mon imagination au sujet de la provenance du gardénia. Elle voulait cultiver la créativité chez ses enfants. Elle voulait également que nous nous sentions aimés et choyés, non seulement par elle, mais par le monde entier.

À dix-sept ans, j'eus ma première peine d'amour. Le soir où le garçon en question me téléphona pour la dernière fois, je m'endormis épuisée d'avoir pleuré. À mon réveil le lendemain, il y avait sur mon miroir un message gribouillé avec du rouge à lèvres : « Un de perdu, dix de retrouvés. » Je méditai longuement sur ces mots que je laissai sur mon miroir jusqu'à ce que je fusse remise de ma peine. Lorsqu'un jour j'allai chercher le nettoyeur à vitres pour les effacer, ma mère comprit que tout était revenu à la normale.

D'autres chagrins vinrent, que ma mère ne pouvait malheureusement pas guérir. Un mois avant de recevoir mon diplôme d'études secondaires, mon père mourut d'une crise cardiaque. Je passai alors par toute la gamme des émotions, éprouvant à la fois un immense chagrin et des sentiments d'abandon, de peur, de désillusion et de colère intense à l'idée que mon père allait manquer quelques-uns des événements les plus importants de ma vie. Je me désintéressai complètement de la remise des diplômes, de la pièce de théâtre préparée par les élèves de dernière année et du bal des finissants ; j'avais pourtant participé à l'organisation de ces événements et je les avais attendus avec impatience. Je songeai même à m'inscrire à l'université de ma région plutôt que de réaliser mon projet d'aller étudier à l'extérieur, car cela me sécurisait.

Ma mère, qui vivait elle aussi son deuil, refusait de me voir abandonner ainsi mes projets. La veille du décès de mon père, maman et moi étions allées dans les boutiques pour me trouver une robe de bal. Nous en avions déniché une tout à fait spectaculaire, faite d'innombrables mètres de plumetis rouge, blanc et bleu. Lorsque je l'avais essayée, je m'étais sentie comme Scarlett O'Hara. Toutefois, cette robe n'était pas ajustée à ma taille. Aussi, lorsque mon père mourut le lendemain, je n'y pensai plus du tout.

Ma mère, cependant, ne l'oublia pas. La veille du bal des finissants, je trouvai la robe majestueusement étalée sur le sofa du salon, parfaitement ajustée pour moi. Ma mère l'y avait placée avec amour et une petite touche artistique. Je n'avais plus repensé à la robe depuis l'essayage dans la boutique, mais ma mère, elle, s'en était souvenue.

Maman se souciait beaucoup du bien-être intérieur de ses enfants. Elle voulait nous léguer le sens du merveilleux et nous rendre capables de voir la beauté, même dans l'adversité.

En vérité, ma mère voulait que ses enfants se voient tels qu'un gardénia : beaux, forts et parfaits, avec en plus une aura de magie et, peut-être, un soupçon de mystère.

Ma mère mourut lorsque j'avais vingt-deux ans, seulement dix jours après mon mariage. Ce fut l'année où je cessai de recevoir un gardénia blanc.

Marsha ARONS

Trois petits mots

Les larmes les plus amères qui sont versées sur les tombes représentent toutes les choses qui n'ont pas été dites ou faites.

Harriet BEECHER STOWE

La plupart des gens ont besoin d'entendre ces « trois petits mots » essentiels. Parfois, ils les entendent juste au bon moment.

Je rencontrai Connie le jour de son admission à l'étage réservé aux malades en phase terminale, où je travaillais comme bénévole. Son mari, Bill, l'accompagnait nerveusement pendant qu'on la transférait d'une civière à son lit d'hôpital. Même si Connie arrivait au terme de sa lutte contre le cancer, elle restait alerte et enjouée. Toujours est-il que nous l'installâmes dans sa chambre et, après avoir inscrit son nom sur toutes les fournitures hospitalières qu'elle allait utiliser, je lui demandai si elle avait besoin de quelque chose.

— Oh oui ! répondit-elle, auriez-vous l'amabilité de me montrer comment utiliser la télévision ? J'adore les feuilletons et je ne veux rien manquer.

Connie était une romantique. Elle adorait les feuilletons, les romans d'amour et les films racontant de belles histoires sentimentales. Lorsque je la connus un peu mieux, elle me confia à quel point elle avait trouvé frustrant de passer trente-deux ans de sa vie avec un époux qui l'avait souvent traitée de « sotte ».

— Je sais bien que Bill m'aime, admit-elle, mais il n'a jamais été le genre d'homme à me le dire ou à m'envoyer des mots d'amour.

Elle poussa alors un soupir et regarda par la fenêtre les arbres qui peuplaient la cour.

— Je donnerais n'importe quoi pour qu'il me dise « je t'aime », mais ce n'est tout simplement pas dans sa nature.

Chaque jour, Bill rendait visite à Connie. Au début, il s'assoyait près du lit tandis qu'elle regardait ses feuilletons. À cause de la maladie et du traitement, toutefois, elle se mit à dormir de plus en plus. Bill faisait alors les cent pas dans le couloir où débarrassait sa chambre. Connie ne fut bientôt plus capable de regarder la télévision, et ses moments de conscience s'espacèrent. Je passai donc une bonne partie de mon temps bénévole avec Bill.

Il me parla du métier de charpentier qu'il avait exercé jusqu'à sa retraite et de sa passion pour la pêche. Connie et lui n'avaient pas eu d'enfants, aussi avaient-ils profité de la retraite pour voyager, jusqu'au moment où la maladie frappa Connie. Lors de notre conversation, toutefois, Bill fut incapable d'exprimer ce qu'il ressentait à l'égard de la mort imminente de sa femme.

Un jour, alors que nous étions tous deux attablés devant un café à la cafétéria, je lui parlai des femmes, de l'importance qu'elles accordent au romantisme et du bonheur qu'elles éprouvent à recevoir des lettres d'amour et des petits mots tendres.

— Dites-vous à Connie que vous l'aimez ? lui demandai-je, devinant la réponse qu'il allait me faire.

Il me regarda comme si je venais de dire une chose insensée.

— Je n'ai pas besoin de lui dire, dit-il. Elle le *sait* !

— Bien sûr qu'elle le sait, répliquai-je en lui prenant les mains, des mains rudes de charpentier qui s'agrippaient à la tasse de café comme à une bouée de sauvetage. Mais elle a besoin de *l'entendre*. Elle a besoin de savoir ce qu'elle a représenté pour vous tout au long de ces années de vie commune. Promettez-moi d'y penser.

Nous retournâmes à la chambre de Connie. Bill y disparut tandis que je me rendis auprès d'un autre patient. Peu après, j'aperçus Bill assis au chevet de sa femme. Il lui tenait la main pendant qu'elle dormait. Nous étions le 12 février.

Deux jours plus tard, j'arrivai à l'étage aux environs de midi. Bill était là, le dos appuyé contre le mur du couloir, les yeux rivés au plancher. L'infirmière en chef venait de m'informer que Connie s'était éteinte une heure avant.

Dès qu'il me vit, Bill accepta que je le serre longuement dans mes bras. Le visage mouillé de larmes, il tremblait. Finalement, il s'adossa de nouveau au mur et poussa un long soupir.

— Je dois vous dire quelque chose. Je dois vous dire à quel point je me sens heureux de le lui avoir dit.

Il fit une pause pour se moucher.

— J'ai beaucoup réfléchi à la conversation que nous avons eue vous et moi. Puis, ce matin, je lui ai dit à quel point je l'aimais et combien j'avais été heureux de l'avoir pour épouse. Vous auriez dû voir son sourire !

J'entrai dans la chambre pour faire mes adieux personnels à Connie. Sur la table de chevet trônait une énorme carte de Saint-Valentin signée par Bill, une carte de style très romantique qui disait : « À mon épouse merveilleuse... je t'aime. »

Bobbie LIPPMAN

Les présents d'amour

L'amour que l'on donne est le seul amour qu'il nous reste.

Elbert HUBBARD

En cette époque mouvementée qu'est la nôtre, il est beaucoup plus facile d'acheter quelque chose à crédit que d'offrir un cadeau qui vient du cœur.

Ces cadeaux du cœur prennent une importance particulière durant la période de Noël.

Il y a quelques années, j'avais commencé à préparer mes enfants à l'idée que le Noël qui approchait serait modeste. Ils se bornèrent à répondre :

— Ouais, ouais, on l'a déjà entendue celle-là !

Je n'étais pas très crédible, en effet, car je leur avais dit la même chose l'année précédente, alors que j'étais plongée au beau milieu d'un divorce ; je m'étais toutefois ravisée, décidant d'utiliser au maximum mes cartes de crédit. J'avais même trouvé quelques techniques financières plutôt singulières pour payer les choses qui allaient remplir leurs bas de Noël. Cette fois, Noël allait bel et bien être différent, mais mes enfants refusaient de me croire.

Une semaine avant Noël, je me demandai : « Qu'est-ce que je pourrais faire pour leur donner un Noël agréable ? » Dans toutes les maisons que nous avions habitées avant le divorce, j'avais toujours pris le temps de m'occuper de la décoration intérieure. J'avais appris à poser du papier peint et des carreaux de céramique ou de bois, à confectionner des rideaux avec des draps, et plus encore. Cependant, dans la maison louée où nous vivions maintenant, je n'avais ni le temps ni l'argent nécessaires pour décorer. En fait, je détestais cet endroit laid, ses tapis rouge et orange, ses murs turquoise et vert. Il n'était pas question d'y investir un seul sou. De ma fierté blessée me provenait une voix qui hurlait : « Nous ne moisirons pas longtemps dans cette maison ! »

En réalité, personne ne se souciait de cette maison, sauf ma fille Lisa, qui avait toujours essayé de faire de sa chambre un endroit spécial.

Le temps était venu de mettre mes talents à contribution. Je téléphonai à mon ex-mari et lui demandai d'acheter un certain dessus-de-lit pour Lisa. De mon côté, je me procurai les draps assortis.

La veille de Noël, je dépensai quinze dollars pour l'achat d'un pot de peinture. J'achetai également le plus ravissant des papiers à lettres. Mon plan était simple : j'allais repeindre, coudre et me tenir occupée jusqu'au matin de Noël ; ainsi, je n'aurais pas le temps de m'apitoyer sur mon sort en cette fête familiale si importante.

Ce soir-là, je donnai à chacun de mes enfants trois feuilles du papier à lettres et trois enveloppes. Dans le haut de chaque feuille, j'avais écrit ceci : *Ce que j'aime chez ma sœur Mia*, *Ce que j'aime chez mon frère Kris*, *Ce que j'aime chez ma sœur Lisa* et *Ce que j'aime chez mon frère Erik*. Mes enfants étaient alors âgés de seize, quatorze, dix et huit ans, et je dus me faire très persuasive pour les convaincre qu'ils pouvaient trouver au moins une chose d'aimable à dire au sujet de chacun de leurs frères et sœurs. Pendant qu'ils écrivaient chacun dans leur coin, je me retirai dans ma chambre pour emballer les quelques rares cadeaux que j'avais achetés dans les magasins.

Lorsque je retournai dans la cuisine, les enfants avaient terminé leurs lettres et écrit un nom sur chacune de leurs trois enveloppes. Nous nous embrassâmes en nous souhaitant bonne nuit, puis ils allèrent se coucher. Je donnai à Lisa la permission spéciale de dormir dans mon lit en échange de la promesse de ne pas aller dans sa chambre avant le matin de Noël.

Je me mis alors au travail. Aux petites heures du matin, après avoir repeint les murs et terminé les rideaux, je reculai de quelques pas pour admirer mon chef-d'œuvre. Je me dis alors : « Pourquoi ne pas ajouter sur les murs des arcs-en-ciel et des nuages assortis aux draps ? » Je sortis donc mes pinceaux et mes éponges de maquillage. Aux environs de cinq heures du matin, tout était terminé. Trop épuisée pour ruminer notre triste sort de « foyer brisé », comme le disent les statistiques, j'allai dans ma chambre et trouvai Lisa étalée de tout son long dans mon lit. Refusant de dormir avec des jambes et des bras tout autour de moi, je la soulevai doucement et la transportai sans bruit dans sa chambre. Lorsque je la déposai sur son lit, elle me demanda :

— Maman, est-ce qu'on est le matin ?

— Non, ma chérie. Ferme tes yeux et le Père Noël va venir.

Ce matin-là, je fus tirée du sommeil par quelques mots gaiement murmurés à mon oreille :

— Maman, c'est vraiment beau !

Plus tard, nous nous levâmes tous pour nous rassembler autour de l'arbre et ouvrir les quelques présents qui se trouvaient à son pied. Par la suite, je donnai aux enfants les trois enveloppes qui leur étaient destinées. Nous lûmes les lettres, les larmes aux yeux et le nez rougi. Puis vint le moment de lire les lettres qu'avait reçues le « bébé de la famille ». Erik, âgé de huit ans, ne s'attendait guère à lire des choses gentilles sur son compte. Son frère avait écrit : *Ce que j'aime chez mon frère Erik, c'est qu'il n'a peur de rien.* Mia avait écrit : *Ce que j'aime chez mon frère Erik, c'est qu'il parle à tout le monde.* Quant à Lisa, elle avait écrit : *Ce que j'aime chez mon frère Erik, c'est qu'il peut grimper aux arbres plus haut que quiconque !*

Je sentis quelqu'un tirer doucement sur ma manche. Erik, ses deux petites mains en cornet près de mon oreille, me murmura :

— Ouaouh ! Maman, moi qui croyais qu'ils ne m'aimaient pas !

En cette période éprouvante, la créativité et l'imagination nous permirent de passer des moments merveilleux ensemble. Depuis, ma situation financière s'est stabilisée et nous avons eu plusieurs « gros » Noël avec des tas de cadeaux au pied du sapin. Toutefois, lorsque nous nous remémorons le passé et que nous nous demandons quel a été notre Noël préféré, nous répondons tous que c'est celui-là.

Sheryl NICHOLSON

L'autre femme

Après vingt et un ans de mariage, j'ai découvert une nouvelle façon de maintenir l'amour et la complicité dans ma relation de couple : récemment, j'ai commencé à fréquenter une autre femme.

En fait, l'idée vient de mon épouse.

— Tu sais que tu l'aimes, m'a-t-elle dit un jour, me prenant par surprise. La vie est trop courte. Tu dois consacrer du temps aux gens que tu aimes.

— Mais c'est *toi* que j'aime, ai-je protesté.

— Je sais. Mais tu aimes aussi cette femme. Tu ne me croiras peut-être pas, mais je pense que si vous passez plus de temps ensemble, cela nous rapprochera.

Comme d'habitude, Peggy avait raison.

Cette autre femme que Peggy m'encourageait à fréquenter était ma mère.

Maman est une veuve de soixante et onze ans qui vit seule depuis la mort de mon père, il y a dix-neuf ans. Tout de suite après son décès, j'ai déménagé en Californie, à quatre mille kilomètres de chez elle, pour fonder une famille et amorcer une nouvelle carrière. Lorsque j'ai de nouveau déménagé il y a cinq ans, cette fois tout près de ma ville natale, je me suis promis de passer plus de temps avec ma mère. Mais, vous savez ce que c'est, coincé entre mes obligations professionnelles et familiales, je n'ai jamais eu la chance de la voir autrement qu'à l'occasion des anniversaires et des réunions de famille.

Elle fut donc surprise, et quelque peu méfiante, lorsque je lui téléphonai un jour pour l'inviter à venir au restaurant et au cinéma avec moi.

— Qu'est-ce qui ne va pas ? Est-ce que mes petits-enfants s'apprêtent à déménager encore ? me demanda-t-elle.

Ma mère fait partie de cette catégorie de femmes pour qui tout ce qui sort de l'ordinaire – un appel téléphonique tard le soir ou une invitation inattendue de son fils aîné – est synonyme de mauvaises nouvelles.

— J'ai pensé que ce serait bien de passer un peu de temps avec toi, répondis-je. Seulement toi et moi.

Elle réfléchit à ma proposition pendant un moment.

— Ça me ferait plaisir, dit-elle finalement. Ça me ferait très plaisir.

Le vendredi suivant, en me rendant chez elle après le travail, je me sentais nerveux. J'avais des papillons dans l'estomac. Pourtant, je m'apprêtais tout simplement à sortir avec ma mère !

De quoi allions-nous parler ? Et si le restaurant que j'avais choisi ne lui plaisait pas ? ou le film ?

Et si elle n'aimait ni l'un ni l'autre ?

En me garant dans l'entrée de sa maison, je compris tout de suite que notre petite escapade l'enthousiasmait également. Elle m'attendait à la porte, son manteau sur les épaules. Elle s'était fait une mise en plis. Elle souriait.

— J'ai dit à mes amies que je sortais avec mon fils. Cela les a beaucoup impressionnées, lança-t-elle en s'assoyant dans la voiture. Elles se meurent d'impatience que je leur raconte tout demain.

Nous allâmes dans un modeste restaurant de quartier, un endroit où nous pouvions parler. En arrivant là, ma mère me prit le bras, en partie par affection, en partie pour que je l'aide à gravir l'escalier menant à la salle à manger.

Une fois attablés, je consultai le menu pour nous deux, car la vue de ma mère n'était plus très bonne et elle distinguait seulement les gros objets et les ombres.

En lui lisant le choix d'entrées, je levai les yeux vers elle. Elle me regardait de l'autre côté de la table, un sourire mélancolique aux lèvres.

— C'est moi qui lisais le menu lorsque tu étais petit, soupira-t-elle.

Je saisis immédiatement ce qu'elle voulait dire. Elle avait pris soin de moi et maintenant, c'est moi qui prenais soin d'elle ; la boucle de notre relation venait de se boucler.

— Alors profites-en pour te détendre et te laisser gâter, lui dis-je.

Notre conversation fut des plus agréables pendant le repas. Elle ne donna lieu à aucune déclaration fracassante ; elle fut tout simplement une belle occasion de se parler de nos vies. En fait, nous parlâmes tellement que nous ratâmes le film. En la reconduisant chez elle au terme de la soirée, elle déclara :

— Nous allons sortir encore ensemble, mais c'est moi qui paierai le souper la prochaine fois.

— Comment a été ta soirée ? me demanda ma femme dès mon retour à la maison.

— C'était agréable... plus agréable même que je ne l'aurais pensé, répondis-je.

Elle me lança alors son sourire « je-te-l'avais-bien-dit ».

Depuis cette première soirée, je sors avec ma mère régulièrement. Nous n'allons pas au restaurant ou au cinéma à tout coup, mais nous essayons de nous voir au moins quelques fois par mois. Nous prenons toujours un repas ensemble et, parfois, nous regardons un film sur vidéocassette. La plupart du temps, toutefois, nous parlons, tout simplement. Je lui parle des aléas de mon travail. Je lui vante ma femme et mes enfants. De son côté, elle puise dans sa réserve apparemment inépuisable d'anecdotes familiales.

Elle me raconte également sa vie passée. Je sais maintenant ce que cela signifiait pour maman de travailler dans une usine pendant la Seconde Guerre mondiale. Je sais aussi comment elle a rencontré mon père à cette usine et comment ils se sont fait la cour dans les tramways en ces temps difficiles. En écoutant ces histoires, j'ai compris à quel point elles étaient importantes pour moi. Elles constituent mon histoire à moi et j'en redemande continuellement.

Nos conversations, cependant, ne se limitent pas au passé. Nous parlons aussi d'avenir. À cause de ses problèmes de santé, ma mère appréhende les jours à venir.

— J'ai encore tant de choses à vivre, m'a-t-elle confié un soir. Je veux voir grandir mes petits-enfants. Je ne veux absolument *rien* manquer.

Comme beaucoup de mes contemporains, mon rythme de vie a tendance à être effréné, à l'image de mon agenda dont je noircis les pages jusqu'à la dernière ligne. Bref, j'essaie de tout faire en même temps – carrière, famille, vie sociale. Je me plains souvent du temps qui file trop vite. Aussi, les moments que je passe en compagnie de ma mère m'incitent-ils à ralentir. J'ai finalement compris le sens de ces mots que j'ai entendus des millions de fois : jouir du moment présent.

Peggy avait raison. La fréquentation d'une autre femme a *véritablement* resserré nos liens. Je suis un meilleur époux, un meilleur père et, je l'espère, un meilleur fils.

Merci, maman. Je t'aime.

David FARRELL

Ramona

Quelques semaines après mon intervention chirurgicale, je me rendis au bureau du Dr Belt pour un examen. Je venais tout juste de recevoir un premier traitement de chimiothérapie.

Ma cicatrice était encore très sensible. Le dessous de mon bras restait engourdi. J'éprouvais des sensations qui m'étaient tout à fait étrangères ; on aurait dit qu'un nouveau colocataire venait de s'installer dans cet appartement deux pièces qui avait autrefois pour nom mes seins et qu'on appelait dorénavant, avec affection, « le sein et la poitrine ».

Comme à l'accoutumée, on m'amena dans une salle d'examen pour me faire une prise de sang (une autre !), un moment terrifiant pour moi qui ai si peur des aiguilles.

Je m'allongeai sur la table d'examen. Je portais une chemise de flanelle ample à motif écossais et une camisole en dessous. J'avais choisi ces vêtements avec soin en espérant que rien n'y paraîtrait. Le motif à carreaux camouflait ma nouvelle poitrine, la camisole la protégeait et les boutons de la chemise facilitaient la tâche au personnel médical.

Ramona, une infirmière, entra dans la pièce. Son sourire chaleureux et pétillant m'était familier et contrastait singulièrement avec mes craintes. J'avais aperçu Ramona pour la première fois quelques semaines auparavant dans ce même bureau de médecin. Elle ne s'était pas occupée de moi ce jour-là, mais je l'avais remarquée parce qu'elle riait d'un rire sonore, plein et riche. Je me rappelle m'être demandé ce qu'il pouvait bien y avoir de drôle derrière la porte de cette salle d'examen. Qu'est-ce qui pouvait justifier un tel rire dans un endroit pareil ? J'en avais conclu qu'elle ne prenait pas son travail au sérieux et que j'allais devoir me trouver une autre infirmière. J'étais dans l'erreur.

Ce jour-là, c'était différent. Ce n'était pas la première fois que Ramona me faisait une prise de sang. Connaissant ma peur des aiguilles, elle cacha l'attirail médical sous un magazine dont la page de couverture glacée montrait une photographie tout en bleu d'une cuisine en rénovation. Une fois ma chemise ouverte et ma camisole relevée, l'infirmière put voir le cathéter sur mon sein ainsi que la cicatrice encore récente sur ma poitrine.

Elle me demanda :

— Est-ce que votre cicatrice guérit bien ?

Je répondis :

— Assez bien, je crois. Je lave le pourtour de la plaie délicatement chaque jour.

L'image du jet de douche martelant ma poitrine engourdie défila tel un éclair devant mes yeux.

Elle approcha doucement sa main et palpa ma cicatrice, vérifiant si le tissu cicatriciel était lisse. Je me mis alors à pleurer doucement. Son regard chaleureux rencontra le mien.

— Vous ne l'avez pas encore touchée, n'est-ce pas ?

— Non, avouai-je.

À cet instant, cette merveilleuse femme pleine de chaleur déposa délicatement la paume de sa main sur ma poitrine pâle et la laissa là pendant un long moment. Les larmes continuèrent de couler sur mes joues. Puis, d'une voix douce, elle dit :

— Cette partie de votre corps vous appartient. Elle fait partie de vous. Vous pouvez la toucher.

Mais j'en étais incapable, et c'est elle qui la touchait pour moi. En touchant ma cicatrice, ma blessure encore fraîche, Ramona toucha mon cœur.

Elle me dit alors :

— Je vais vous tenir la main pendant que vous allez la toucher.

Silencieusement, sa main accompagna donc la mienne jusqu'à ma poitrine. Ce fut le cadeau que m'offrit Ramona.

Ce soir-là, couchée dans mon lit, je posai la main sur ma poitrine et l'y laissai jusqu'à ce que le sommeil vienne. Je savais que je n'étais plus seule. D'une certaine façon, nous étions tous ensemble dans mon lit : mon sein, ma poitrine, le cadeau de Ramona et moi.

Betty ABOUSSIE ELLIS

Les chandeliers électriques

Un vendredi par mois, je me rends au centre hospitalier de ma région et j'apporte aux femmes juives qui y sont hospitalisées des chandeliers pour le sabbat. L'allumage de ces chandelles est la façon traditionnelle dont les femmes juives célèbrent le sabbat, mais les règlements de l'hôpital interdisent aux patientes d'allumer des vraies chandelles. Nous leur proposons donc une solution de rechange : des chandeliers électriques qu'on peut brancher au début du sabbat, c'est-à-dire le vendredi soir dès le coucher du soleil, et qu'on débranche à la fin du sabbat, soit le samedi soir. Le dimanche matin, je récupère les chandeliers électriques et je les range jusqu'au vendredi suivant, où une autre bénévole les distribue au groupe de patientes qui sont hospitalisées cette semaine-là.

Un vendredi matin, alors que j'effectuais ma tournée, j'aperçus une dame très âgée, aux alentours de quatre-vingt-dix ans peut-être. Ses cheveux courts et blancs comme la neige semblaient aussi doux et soyeux que de la ouate. Sa peau était jaune et ridée. On aurait dit que les os de cette femme avaient soudainement rétréci, ne laissant rien à la peau pour s'accrocher ; sur le visage et les bras, la peau s'était affaissée et pendait en plissant. Installée dans son lit, les draps remontés jusqu'aux aisselles, la vieille dame avait l'air minuscule. Ses mains noueuses et tordues, posées sur la couverture, portaient toutes les marques de l'expérience. Toutefois, ses yeux bleus brillaient de vivacité, et c'est d'une voix étonnamment forte qu'elle m'accueillit. Ayant consulté la liste que l'hôpital m'avait donnée, je savais qu'elle s'appelait Sarah Cohen.

Elle me dit qu'elle attendait ma visite, qu'elle allumait toujours les chandelles du sabbat chez elle et que je n'avais qu'à laisser les chandeliers électriques assez près de son lit pour qu'elle puisse les atteindre et les allumer. De toute évidence, elle était bien au fait de cette routine.

Je me conformai à ses vœux, puis lui souhaitai un bon sabbat. Au moment où j'allais repartir, elle me dit :

— Tout ce que j'espère, c'est que mes petits-enfants seront là à temps pour me dire adieu.

Je crois que mon visage laissa paraître l'étonnement que je ressentis devant sa façon plutôt terre à terre de dire qu'elle sentait la mort proche, mais je posai tout simplement ma main sur son bras et lui répondis que je l'espérais également.

En quittant la chambre, je faillis heurter une jeune femme d'une vingtaine d'années, vêtue d'une longue jupe de paysanne et la tête couverte. J'entendis alors Mme Cohen s'exclamer :

— Malka ! Je suis si contente que tu sois là. Où est David ?

Je dus poursuivre ma tournée, mais je ne pus m'empêcher de me demander si David arriverait à temps lui aussi. Ce n'est pas facile d'apporter des chandeliers à des patientes et de se contenter de repartir aussitôt, sachant que certaines sont très malades, parfois mourantes. Après tout, chacune d'elles est un être cher pour quelqu'un. D'une certaine façon, je crois que ces femmes me renvoient l'image de ma mère agonisante, couchée dans un lit d'hôpital. J'imagine que c'est cette raison qui me pousse à faire du bénévolat dans un hôpital.

Pendant toute la durée du sabbat, je songeai souvent à Mme Cohen et ses petits-enfants. Le dimanche matin, je retournai à l'hôpital pour reprendre les chandeliers. En m'approchant de la chambre de Mme Cohen, j'aperçus sa petite-fille assise dans le couloir, au pied de la porte. Elle leva les yeux lorsqu'elle entendit mon chariot arriver.

— S'il vous plaît, pourriez-vous laisser les chandeliers quelques heures de plus ? me demanda-t-elle.

Sa requête me surprit, aussi m'expliqua-t-elle la situation.

Elle me raconta que tout ce qu'elle et son frère savaient sur le plan religieux, ils le devaient à leur grand-mère. Leurs parents, qui avaient divorcé alors qu'ils étaient encore de jeunes enfants, avaient toujours été très accaparés par leur travail. Son frère et elle avaient donc passé la plupart de leurs week-ends chez leur grand-mère.

— Elle organisait le sabbat pour nous, poursuivit Malka. Elle faisait la cuisine et le ménage. Elle cuisait du pain et des pâtisseries qui embaumaient sa maison. Il faisait bon d'être chez elle. Tellement bon que c'est difficile à exprimer. Lorsque nous allions chez grand-maman, c'était comme entrer dans un autre monde. Je ne sais comment vous dire tout ce que le sabbat a représenté pour nous – pour grand-maman, David et moi. C'était un moment de répit qui nous délivrait de notre quotidien, un moment merveilleux qui nous a incités, mon frère et moi, à renouer avec notre religion. David vit maintenant en Israël et n'a pu trouver un vol avant aujourd'hui. Il est censé arriver aux environs de dix-huit heures. Si vous nous laissez les chandeliers jusque-là, je me ferai un plaisir de les ranger moi-même.

Je ne comprenais guère le rapport entre les chandeliers et l'arrivée de David. Malka m'expliqua :

— Voyez-vous, pour ma grand-mère, le sabbat était un jour de bonheur. Elle ne veut sûrement pas mourir pendant le sabbat. Si on fait semblant que le sabbat n'est pas encore terminé, peut-être tiendra-t-elle le coup jusqu'à ce que David arrive et lui fasse ses adieux.

Dès lors, rien au monde n'aurait pu m'empêcher de leur laisser les chandeliers. Je dis à Malka que je repasserais les prendre un peu plus tard. Ne sachant quoi lui dire, je me contentai de lui serrer la main.

Il existe de ces moments dans la vie où les circonstances font naître un lien, même entre de parfaits étrangers. Je venais de vivre un de ces moments.

Tout le reste de la journée, je vaquai à mes occupations habituelles sans jamais cesser de penser au drame qui se déroulait dans l'hôpital. Cette vieille dame alitée consacrait ses dernières forces à une seule chose : rester en vie.

Par surcroît, elle faisait cet ultime effort non pas pour elle, mais pour quelqu'un d'autre. Par son attitude, j'avais deviné déjà qu'elle ne craignait pas la mort. Elle semblait comprendre et accepter le fait que sa vie arrivait à son terme. Elle était prête à partir.

À mes yeux, Sarah Cohen personnifiait une force dont j'ignorais même l'existence et un amour dont je mésestimais la puissance. Elle parvenait à concentrer le peu d'énergie qu'il lui restait pour demeurer en vie durant tout le sabbat. Elle ne voulait pas que sa mort vienne ternir aux yeux des siens la beauté et la joie du sabbat. Et peut-être voulait-elle aussi, en donnant à ses petits-enfants l'occasion de faire leurs adieux à une personne qui avait si profondément marqué leurs vies, leur permettre de tourner véritablement la page.

Lorsque je retournai à l'hôpital le dimanche soir, je me mis à pleurer avant même d'arriver à sa chambre.

Je jetai un coup d'œil à l'intérieur. Le lit était vide et les chandeliers, éteints.

Puis j'entendis une voix qui me souffla doucement :

— Il est arrivé à temps.

Je regardai Malka, dont les yeux étaient secs.

— David est arrivé cet après-midi. En ce moment, il prie. Il a été capable de faire ses adieux à grand-maman et de lui annoncer une bonne nouvelle : sa femme est enceinte. Si c'est une fille, ils la prénommeront Sarah.

D'une certaine façon, je n'étais pas étonnée.

Lorsque j'enroulai le cordon du chandelier autour de sa base, je me rendis compte qu'il était encore chaud.

Marsha ARONS

Plus qu'une bourse d'études

> *Si seuls les sages peuvent saisir les grandes pensées, n'importe qui peut comprendre les grandes actions.*
>
> Emily P. Bissell

Vous avez peut-être entendu parler d'Osceola McCarty. Il s'agit de cette femme de quatre-vingt-huit ans du Mississippi qui a travaillé pendant plus de soixante-quinze ans comme blanchisseuse. Un jour, après sa retraite, elle est allée à la banque et a découvert à son plus grand étonnement que les maigres économies qu'elle avait déposées chaque mois s'élevaient maintenant à plus de cent cinquante mille dollars. Puis, au plus grand étonnement de *tous*, elle a retiré une somme de cent cinquante mille dollars, soit la quasi-totalité de ses économies, et a fait un don à l'université Southern Mississippi. Elle a voulu ainsi créer un fonds de bourses d'études pour les étudiants d'origine afro-américaine qui sont dans le besoin. Cette bonne action a fait les manchettes partout aux États-Unis.

Ce que vous ignorez, cependant, c'est l'influence que le geste d'Osceola a eue sur ma vie. J'ai dix-neuf ans et je suis la première récipiendaire de la bourse d'études Osceola McCarty.

Je suis une élève studieuse et je désirais ardemment aller à l'université Southern Mississippi. Malheureusement, j'ai raté d'un point les examens d'admission donnant droit à une bourse d'études régulière. Or, sans aide financière, je pouvais dire adieu à mon rêve.

Puis, un dimanche, je suis tombée par hasard sur l'article de journal qui parlait d'Osceola McCarty et de son don généreux. Je l'ai montré à ma mère et nous étions toutes les deux d'accord pour dire que c'était un geste des plus remarquables.

Le lendemain, je me suis rendue au service de l'aide financière. On m'a dit qu'aucune somme n'était encore disponible pour moi, mais qu'on me ferait signe dans le cas contraire. Quelques jours plus tard, au moment où j'allais sortir de la maison pour rejoindre ma mère qui partait travailler en voiture et qui allait me déposer en chemin, le téléphone a sonné. J'ai décroché le combiné et, pendant que ma mère klaxonnait pour m'indiquer de me dépêcher, on m'a annoncé que j'avais été choisie pour recevoir la première bourse d'études Osceola McCarty. J'étais folle de joie ! Je suis sortie de la maison à toutes jambes pour aller annoncer la nouvelle à ma mère. Ne pouvant le croire, elle a rappelé le service de l'aide financière pour se faire confirmer la nouvelle.

C'est à l'occasion d'une conférence de presse que j'ai rencontré pour la première fois Osceola McCarty. On aurait dit que je retrouvais un membre de la famille. Osceola est restée célibataire et n'a pas eu d'enfants ; ma famille est donc devenue la sienne. Elle et ma grand-mère se parlent régulièrement au téléphone et font leurs courses ensemble. Osceola se joint aussi à nos réunions de famille.

Un jour que nous bavardions, nous nous sommes mis à parler de crème glacée et avons découvert qu'Osceola n'avait pas grande expérience en la matière. Qu'à cela ne tienne : nous nous sommes tous entassés dans la voiture pour aller au bar laitier. Osceola a alors commandé sa première banane royale (*banana-split*) ! Depuis, elle mange beaucoup de crème glacée.

Osceola a trimé dur toute sa vie – de l'aube au coucher du soleil – à laver des vêtements à la main. Sans le savoir, j'étais passée devant sa maison tous les jours pour me rendre à l'école. Évidemment, j'ignorais alors qui habitait là, mais j'avais remarqué à quel point le terrain et la maison étaient bien entretenus. Récemment, je lui ai demandé pourquoi je ne l'avais jamais aperçue. Elle a répondu :

— J'imagine que j'étais dans la cour arrière en train de laver des vêtements.

Maintenant qu'elle a pris sa retraite, Osceola passe le plus clair de son temps assise à lire la Bible... quand elle n'a pas à sortir pour aller recevoir une de ses nombreuses distinctions ! Chaque fois que je passe la voir, en effet, une nouvelle plaque orne son salon. Elle a même été reçue à la Maison-Blanche. Osceola est très heureuse et très fière, mais elle n'en tire aucune vanité. Nous l'avons convaincue de s'acheter un magnétoscope pour qu'elle puisse enregistrer les émissions auxquelles elle participe et se voir à la télé. Lorsqu'elle se regarde à l'écran, elle reste assise, le sourire aux lèvres.

Osceola m'a offert beaucoup plus qu'une bourse d'études. Elle m'a enseigné le sens d'un geste merveilleux : donner. Je sais maintenant qu'il existe en ce monde des êtres de bonne volonté qui répandent le bien. Osceola a travaillé toute sa vie et donné aux autres ; elle m'inspire aujourd'hui à donner lorsque je le peux. D'ailleurs, j'aimerais un jour contribuer au fonds qu'elle a créé.

Je veux donner à Osceola la famille qu'elle n'a jamais eue. Je l'ai donc adoptée comme deuxième grand-mère. Elle m'appelle même sa petite-fille. Et lorsque je recevrai mon diplôme de l'université Southern Mississippi, elle sera dans la salle, assise entre ma mère et ma grand-mère, à la place qui lui appartient désormais.

Stephanie BULLOCK

Ça ne peut faire de mal

De bons gestes posés au hasard.
> Ça ne peut faire de mal.

J'ai dit à mon mari que je l'aimais.
> Ça ne peut faire de mal.

J'ai mis une note dans la boîte à lunch
de mon fils lui disant à quel point
il était quelqu'un d'unique.
> Ça ne peut faire de mal.

J'ai ouvert la porte d'un magasin à
une dame en fauteuil roulant.
> Ça ne peut faire de mal.

J'ai laissé une boîte de biscuits
à l'intention du facteur.
> Ça ne peut faire de mal.

J'ai cédé ma place à quelqu'un dans
la file d'attente d'une épicerie.
> Ça ne m'a pas fait mal.

J'ai téléphoné à mon frère
pour lui dire qu'il me manquait.
> Je lui manque également !

J'ai fait parvenir une lettre au maire
pour le féliciter de son bon travail.
> Ça ne peut faire de mal.

J'ai fait livrer des fleurs à une maison
de santé.
> Ça ne peut faire de mal.

J'ai préparé un bouillon de poulet
pour un ami malade.
> Ça ne peut faire de mal.

J'ai joué à la poupée avec ma fille.

> C'était amusant.

J'ai remercié la personne
qui a ensaché mes provisions.

> Il était content.

J'ai donné à mon assistant
une journée de congé avec salaire.
Ça n'a presque pas fait mal.
J'ai joué à la balle avec mon chien.

> C'était agréable.

J'ai invité une femme qui ne sait pas
conduire au restaurant et au cinéma.

> Je me suis amusée.

Je me suis offert un massage.

> C'était merveilleux.

Les bons gestes posés au hasard…
peut-être en ferai-je une habitude
pour toute l'année à venir.

> Ça ne peut faire de mal.

Sandy E<small>ZRINE</small>

Bonne nuit, ma chérie

Chaque jour, lorsque j'arrivais à la maison de retraite où je travaillais pour faire le quart de soir (je suis infirmière), je faisais ma tournée des chambres, m'arrêtant à chaque porte pour bavarder et observer. Souvent, Kate et Chris étaient assis, leurs gros albums de photos ouverts sur les genoux, et se rappelaient des souvenirs. Fièrement, Kate me montrait des photographies de leur passé : on voyait Chris, grand, blond et bel homme, et Kate, toute jolie avec sa chevelure noire et son beau sourire. Puis défilaient d'autres photos des deux jeunes amoureux souriants, en même temps que passaient les saisons. Ils étaient vraiment adorables à voir, assis ensemble, leurs cheveux blancs brillant sous la lumière du jour, leurs visages ridés s'égayant à la vue des souvenirs du passé à jamais immortalisés dans ces albums.

« Qu'est-ce que les jeunes savent de l'amour ? » songeais-je alors. Quelle sottise de penser que les jeunes ont le monopole d'une chose aussi précieuse ! Les vieux connaissent le sens véritable de l'amour ; les jeunes peuvent seulement l'imaginer.

Parfois, pendant que les membres du personnel prenaient leur repas du soir, Kate et Chris, marchant lentement main dans la main, passaient devant les portes vitrées de la salle à manger. La conversation se transformait alors en discussion sur l'amour et le dévouement de ce couple ; immanquablement, on se demandait ce qui se produirait si l'un des deux mourait. Nous savions tous que Chris était le plus fort des deux et que Kate dépendait de lui.

Nous nous demandions souvent : « Que fera Kate si Chris part le premier ? »

L'heure du coucher donnait lieu à un rituel. Lorsque je lui apportais son médicament du soir, Kate m'attendait, vêtue d'une chemise de nuit et chaussée de pantoufles. Sous l'œil vigilant de Chris et du mien, elle avalait son comprimé. Puis, précautionneusement, Chris l'aidait à se lever de son fauteuil et à se mettre au lit, arrangeant les couvertures sur son corps frêle.

Chaque fois que je voyais ce geste plein d'amour, je me disais : « Mon Dieu, pourquoi les maisons de retraite n'ont-elles pas de lits doubles pour les couples mariés ? » Pendant des dizaines d'années, ils dorment ensemble, mais dès qu'ils mettent le pied ici, on leur demande de dormir dans des lits séparés ! Du jour au lendemain, on les prive d'un bien-être de toute une vie.

« Comme ce règlement est bête ! » songeais-je chaque fois que je voyais Chris tendre le bras pour éteindre la lampe de chevet de Kate. Tendrement, il se penchait ensuite sur elle et lui donnait un petit baiser. Puis il lui tapotait la joue, et les deux souriaient. Enfin, il remontait le barreau latéral du lit de Kate. C'est seulement à ce moment qu'il se tournait vers moi pour prendre ses propres médicaments. En sortant de leur chambre, j'entendais toujours Chris dire « Bonne nuit Kate » et Kate répondre « Bonne nuit Chris », alors que l'espace de presque toute la chambre séparait leurs deux lits.

Une fois, après deux jours de congé, je rentrai au travail. Dès que je franchis les portes de la maison de retraite, on m'annonça la nouvelle :

— Chris est mort hier matin.
— De quoi ?
— D'une crise cardiaque. Il est mort sur le coup.
— Comment va Kate ?
— Pas très bien.

Je me rendis à la chambre de Kate. Assise dans son fauteuil, les mains posées sur les genoux et le regard fixe, elle ne bougeait pas. Je pris ses mains dans les miennes et dis :

— Kate, c'est Phyllis.

Elle ne broncha pas ; son regard resta vide. Je pris doucement son menton entre mes doigts et l'incitai à tourner la tête vers moi.

— Kate, on m'a appris la triste nouvelle à propos de Chris. Je suis désolée.

Dès qu'elle entendit le mot « Chris », ses yeux s'allumèrent. Elle me regarda alors d'un air perplexe, comme si je venais d'apparaître soudainement devant elle.

— Kate, c'est moi, Phyllis. Je suis si désolée pour Chris.

Elle me reconnut, et le souvenir de ce qui venait de se passer remonta à la surface. Des larmes se mirent à couler sur ses joues ridées.

— Chris est mort, murmura-t-elle.

— Je sais, répondis-je. Je sais.

Pendant les jours qui suivirent, nous dorlotâmes Kate, lui donnant beaucoup d'attention et lui accordant la permission de manger dans sa chambre. Puis, petit à petit, la routine du travail reprit le dessus. Souvent, quand je passais devant sa chambre, je la voyais installée dans son fauteuil, un album de photos sur les genoux, regardant tristement des photos de Chris.

L'heure du coucher était pour elle le pire moment de la journée. Même si nous lui avions permis de changer de lit pour prendre celui de Chris et que le personnel bavardait et riait avec elle en la bordant, Kate restait triste et silencieuse, repliée sur elle-même. Souvent, une heure après l'avoir aidée à se mettre au lit, je jetais un coup d'œil dans sa chambre : elle était toujours éveillée et fixait le plafond.

Les semaines passèrent et l'heure du coucher ne s'améliora guère. Kate semblait si anxieuse, si peu en sécurité. « Pourquoi ? me demandais-je. Pourquoi est-elle ainsi surtout le soir ? »

Puis, un soir que je la trouvai encore éveillée, ayant du mal à s'endormir, je lui demandai spontanément :

— Kate, est-ce que par hasard vous vous ennuyez du baiser que Chris vous donnait avant de vous souhaiter bonne nuit ?

Je me penchai et déposai un baiser sur sa joue ridée.

On aurait dit que je venais d'ouvrir les vannes d'un barrage. Kate éclata en sanglots et ses mains s'agrippèrent aux miennes.

— Chris m'embrassait toujours avant de me souhaiter bonne nuit, dit-elle en pleurant.

— Je sais, murmurai-je.

— Il me manque tellement ; durant toutes ces années, il m'embrassait avant de me dire bonne nuit.

Puis elle se tut un instant pendant que j'essuyais ses larmes.

— Je n'arrive plus à dormir sans ce baiser.

Elle leva les yeux vers moi, des yeux pleins de gratitude.

— Merci de m'avoir embrassée.

Un petit sourire se dessina aux coins de ses lèvres.

— Vous savez, me dit-elle sur le ton de la confidence, Chris avait aussi l'habitude de me chanter une chanson.

— Vraiment ?

Elle hocha la tête :

— La nuit, quand je suis couchée, je pense à cette chanson.

— Et quelle est cette chanson ?

Kate sourit, me prit la main et s'éclaircit la voix. Puis, d'une voix affaiblie par le temps mais encore mélodieuse, elle entonna doucement sa chanson[1] :

Embrasse-moi, mon amour,
Avant que la nuit nous sépare.
Et lorsque je serai trop vieux pour rêver,
Ce baiser restera pour toujours dans mon cœur.

Phyllis VOLKENS[2]
Soumise par Jane HANNA

---

1. « *When I Grow Too Old to Dream* » (Lorsque je serai trop vieux pour rêver), paroles de Oscar Hammerstein II, musique de Sigmund Romberg. Tous droits réservés Robbins Music Corp.
2. Note de l'éditeur : L'auteur de cette histoire, Phyllis Volkens, est décédée deux jours après que nous l'ayons retrouvée pour obtenir l'autorisation de reproduire son texte (voir l'introduction au début de ce livre). Son mari, Stanley, nous a dit à quel point Phyllis désirait apporter sa contribution à ce *Bouillon de poulet pour l'âme de la femme*. C'est un honneur pour nous de publier « Bonne nuit, ma chérie » en sa mémoire.

Le cadeau de grand-papa

Je tenais entre mes mains un exemplaire du livre *Les Classiques de science-fiction de Jules Verne*, le paquet déchiré du service postal gisant à mes pieds. Une note accompagnait le livre : « À Matt, affectueusement, de grand-papa Loren, San Francisco. » « Pourquoi diable mon père de soixante-quinze ans envoie-t-il à mon fils de neuf ans un livre de cinq cent onze pages ? » Ce cadeau incongru m'irrita – un cadeau acheté à la sauvette et sans grande attention. Mais peut-être était-il injuste de ma part de m'attendre à ce que mon père connaisse les goûts d'un enfant de neuf ans. Puis je me rappelai qu'au printemps de l'année précédente, lors d'une visite à San Francisco, Papa avait agrippé la main de Matt, s'était lancé à la poursuite d'un tramway et était monté à bord avec Matt. Il avait alors lancé une pièce de monnaie dans la rue.

— Matt, regarde ! Lorsqu'on met une pièce de monnaie sur les rails, le tramway la coupe presque en deux !

Je les vois encore à bord du tramway, la tête penchée, en admiration mutuelle.

Ce souvenir me rendit plus indulgente. Je regardai alors par la fenêtre et aperçus Hondo qui dormait sur la terrasse. Il était arrivé chez nous à l'âge de huit semaines. Au bout de sa tête noire lustrée, des poils gris recouvraient son museau. Ses paupières inférieures pendouillaient légèrement sous ses yeux bruns. Lorsqu'il marchait, ses énormes pattes de labrador s'écartaient, et on pouvait voir d'autres poils gris entre les coussinets. Je pensai à la barbe grise de mon père et à la façon dont les touches de gris avaient graduellement pris toute la place.

Freckles dormait aux côtés de Hondo, le vent hérissant ses longs poils de colley. La plupart de ses taches de chiot avaient disparu. Je songeai alors à l'été précédent.

Pour un chien, quatorze années représentent toute une vie. Hondo arrivait au crépuscule de sa vie ; à chaque jour qui passait, ses forces le quittaient peu à peu. Le temps était venu d'acquérir un deuxième chien. Ce fut avec un sentiment de culpabilité que nous allâmes chercher Freckles au chenil pour la ramener à la maison. Lorsqu'elle sautilla hors du camion, ses pattes de bébé chien encore incertaines, Hondo l'accueillit en parfait gentleman. Il renifla Freckles, qui prit un air soumis. Freckles émit un gémissement, et Hondo la lécha. Les deux chiens remuèrent leur queue. Une amitié venait de naître.

Quand j'étais à l'écurie, Freckles observait Hondo qui, en professeur affable, restait patiemment assis pendant que nous sellions les chevaux. Freckles s'assoyait alors elle aussi. En voyant les chats venir se frotter aux pattes de Hondo, Freckles apprit à ne pas pourchasser les chats. Lorsque nous chevauchions pour vérifier les génisses, Hondo nous suivait fidèlement en trottinant ; Freckles comprit donc également qu'il ne fallait pas harceler les vaches ou les chevreuils. Plus Freckles grandissait, plus Hondo reprenait de la vigueur. On aurait dit qu'il rajeunissait. Nous recommençâmes à lui lancer des bâtons qu'il ramenait jusqu'à ce que ses mâchoires épuisées ne puissent plus les tenir. Freckles n'apprit jamais à aimer ce jeu, mais elle encourageait toujours Hondo par quelques jappements. Hondo bénéficiait d'un bref sursis, d'une deuxième jeunesse.

Puis, un jour de canicule, après avoir parcouru de trop nombreux kilomètres dans la poussière à suivre les vaches, Hondo s'effondra dans l'enclos. Après l'avoir cajolé et caressé doucement, il reprit ses sens. Sous le regard de Matt et de Freckles, Hondo se releva péniblement et secoua sa fourrure pour se débarrasser de la poussière. Il s'abreuva longuement dans un seau qui se trouvait près de la maison, puis il monta sur la terrasse et s'installa à sa place habituelle près de la porte. Plus tard, lorsque nous sellâmes de nouveau les chevaux pour aller galoper dans les pâturages, nous l'enfermâmes dans la remorque à chevaux. Il regarda à travers les planches de bois de la remorque, ne comprenant pas pourquoi on l'enfermait ainsi.

Je lui criai :

— Ne t'en fais pas, mon vieux. On va revenir te chercher.

Mais Hondo ne put m'entendre, car il était devenu sourd. Les fois suivantes, nous lui permîmes d'accompagner nos chevauchées, mais le cœur n'y était plus, peu importe l'attention qu'on lui portait.

Je déposai l'énorme volume de Jules Verne sur une table, puis ramassai le paquet déchiré qui traînait par terre. J'entendis alors le bruit d'une voiture roulant sur le chemin de gravier. Hondo était assoupi. C'est Freckles qui jappa, d'un cri vif et aigu qui contrastait beaucoup avec l'aboiement grave et rauque qui avait gardé notre maison depuis quatorze ans. Ce ne fut pas le bruit de la voiture qui réveilla Hondo, mais les jappements aigus de Freckles qui réussirent à percer le silence qui l'emmurait progressivement. Hondo leva la tête et jeta un coup d'œil. Il aperçut Freckles qui montait la garde, prête à bondir. Il poussa alors un long soupir de résignation, posa sa tête sur ses pattes et referma les yeux.

Je voulais aller vers lui, prendre entre mes mains sa belle tête, regarder droit dans ses yeux bruns et lui parler doucement, pour qu'il sente avec son cœur les choses que ses oreilles ne pouvaient désormais plus m'entendre dire. Je voulais qu'il s'accroche encore un peu à mon monde.

Au lieu de cela, je pris le livre et relus la note. « À Matt, affectueusement, de grand-papa Loren, San Francisco. » Soudain, je vis ce cadeau d'un œil nouveau. Quatorze années séparaient Hondo de Freckles. Soixante-cinq années et mille cinq cents kilomètres séparaient mon père de son petit-fils. Il ne lui restait plus beaucoup d'années pour offrir des cadeaux. Lui aussi comptait les couchers de soleil et voyait s'approcher le crépuscule de sa vie. Son âge ne lui accordait plus le luxe d'envoyer seulement des cadeaux appropriés. Si Matt n'ouvrait ce livre que dans dix ans, prêt à plonger vingt mille lieues sous les mers, ce serait les mots de son grand-père qu'il lirait, lui souhaitant bon voyage.

Je déposai doucement le gros livre sur la table, ouvris la porte et sortis sur la terrasse. La fourrure de Hondo luisait sous le soleil. Sentant les vibrations de mes pas, il se mit à remuer lentement sa queue.

Page LAMBERT

1 716 lettres

Le 15 novembre 1942, je déclarai avec empressement « Oui, je le veux » à l'homme élégant que j'épousais. Il portait fièrement l'impeccable uniforme de cérémonie de l'armée des États-Unis d'Amérique. À peine huit mois plus tard, appelé sous les drapeaux, il partit vers une destination inconnue pour une période de temps indéterminée.

Avant son départ, nous nous fîmes la promesse de nous écrire chaque jour. Nous décidâmes également de numéroter nos lettres ; de cette façon, nous saurions si l'une d'entre elles s'égarait. En s'écrivant ainsi chaque jour, il nous arrivait parfois de ne pas avoir grand-chose d'autre à dire que « Je t'aime ». Toutes les lettres que nous nous envoyâmes, sans exception, renfermaient au moins ces mots.

Pendant la guerre, mon mari, un dentiste de l'armée, se retrouva sur les lignes de front. Même s'il était au cœur de la bataille – Aléoutiennes, Okinawa, Philippines, n'importe où – il prit chaque jour le temps de m'écrire. De temps à autre, il parvenait même à m'envoyer plus qu'une lettre : il me bricolait des bijoux dans ses temps libres à partir de quelque matériau qu'il dénichait sur place.

Aux Philippines, lors d'un répit pendant les combats, il réussit à sculpter un magnifique coupe-papier en acajou sur le manche duquel il avait soigneusement gravé mon nom, *Louise*, et, de l'autre côté, *Philippines 1944*. Il me raconta dans la lettre qui accompagnait ce cadeau que le coupe-papier m'aiderait à ouvrir ses lettres quotidiennes. Plus de cinquante années ont passé ; le coupe-papier se trouve toujours sur mon bureau et sert à ouvrir le courrier qui, cependant, n'a plus du tout la même importance que celui reçu durant la guerre.

Parfois, il se passait des jours et même des semaines sans qu'aucun courrier n'arrive. Dans ces périodes-là, évidemment, je m'inquiétais beaucoup – un bon nombre de ses hommes étaient déjà tombés au front. Toutefois, invariablement, le service postal rattrapait son retard et un gros paquet de lettres m'étaient livrées d'un seul coup. Je prenais alors le temps de les classer selon leur numéro pour être en mesure de les lire dans l'ordre chronologique et de les savourer une à une. Malheureusement, les censeurs de l'armée filtraient toutes les lettres et je devais faire preuve d'imagination pour deviner ce qui était écrit sous les traits noirs.

Dans une de ses lettres, à l'époque où il se trouvait à Hawaii, il me demanda de lui envoyer mes mensurations pour me faire confectionner sur mesure quelques vêtements d'intérieur par les célèbres tailleurs chinois de l'île. Je lui envoyai donc mes mensurations : trente-cinq, vingt-quatre, trente-six (quels vieux souvenirs !) Il reçut ma lettre, mais les censeurs avaient biffé mes mensurations, croyant que j'utilisais un code secret pour communiquer avec mon mari. Finalement, les vêtements étaient à ma taille.

En novembre 1945, la guerre prit fin et mon mari put enfin rentrer au pays. Nous ne nous étions pas revus depuis son départ, c'est-à-dire depuis deux ans et quatre mois. Pendant tout ce temps, nous nous étions parlés au téléphone une seule fois. Cependant, comme nous avions respecté notre promesse d'écrire quotidiennement, nous avions écrit huit cent cinquante-huit lettres chacun, pour un total de mille sept cent seize lettres. Ce sont elles qui nous aidèrent à passer à travers la guerre.

Lorsque mon mari revint, nous eûmes la chance d'obtenir un minuscule appartement, denrée hautement recherchée dans le San Francisco de l'époque. Dans ce logement presque trop petit pour deux personnes, nous dûmes, à notre grand regret, nous débarrasser de nos mille sept cent seize lettres. Heureusement, après son retour de la guerre, nous nous séparâmes rarement plus d'un ou deux jours à la fois. Nous n'eûmes donc pas l'occasion d'échanger d'autres lettres.

Pendant toutes nos années ensemble, mon mari n'a jamais cessé de nous manifester, à moi, à nos enfants et à nos petits-enfants, le dévouement et l'amour qu'il exprima dans ses lettres. Nous venons de célébrer cinquante-trois ans de mariage et de bonheur. Bien que les lettres témoignant de nos premières années n'existent plus, l'amour qu'elles renfermaient reste à jamais gravé dans nos cœurs.

Louise SHIMOFF

L'ingrédient secret de Martha

Chaque fois que Ben entrait dans la cuisine, il était intrigué par la petite boîte de métal placée sur l'étagère au-dessus du fourneau de Martha. Il ne l'aurait probablement jamais remarquée si Martha ne lui avait pas maintes fois répété de ne pas y toucher. Elle contenait, disait sa femme, une « herbe secrète » que sa mère lui avait donnée, et comme cette herbe était irremplaçable, elle avait peur que Ben ou quelqu'un d'autre ne prenne la boîte, ne la laisse échapper et répande son précieux contenu.

Cette boîte n'avait rien d'extraordinaire. Elle était tellement vieille qu'une bonne partie des fleurs rouges et or qui l'ornaient à l'origine étaient presque effacées. On pouvait facilement deviner l'endroit exact où les doigts l'avaient saisie, encore et encore, pour la soulever et ouvrir le couvercle. Non seulement Martha avait-elle saisi la boîte de la même façon que sa mère et sa grand-mère, mais elle croyait que même son arrière-grand-mère avait utilisé cette boîte et son « herbe secrète ».

Tout ce que Ben savait, c'est que peu après son mariage, sa belle-mère avait apporté la boîte à Martha en lui demandant d'user de son contenu avec autant d'amour qu'elle-même l'avait fait. Et c'est ce que fit Martha, fidèlement. Jamais Ben ne vit Martha préparer un plat sans prendre la boîte sur la tablette et ajouter un soupçon d'« herbe secrète ». Même lorsqu'elle cuisinait des gâteaux, des tartes et des biscuits, il la voyait ajouter une petite pincée juste avant de mettre le tout au four.

Quel que soit l'ingrédient qui se trouvait dans la boîte, Ben ne doutait nullement de son efficacité, car sa femme était pour lui la meilleure cuisinière au monde. Il n'était pas le seul à penser ainsi : tous ceux qui avaient goûté à la cuisine de Martha partageaient le même avis.

Pourquoi donc ne permettait-elle pas à Ben de toucher cette petite boîte ? Craignait-elle vraiment qu'il en renverse le contenu ? À quoi ressemblait cette « herbe secrète » ? Chose certaine, elle était si fine que Ben ne pouvait en déceler la texture dans les plats qu'il mangeait. De toute évidence, elle en usait avec parcimonie puisqu'une fois l'herbe épuisée, on ne pouvait pas en obtenir d'autre.

Martha trouva cependant le moyen de faire durer le contenu pendant les trente années de leur mariage, et toujours avec d'excellents résultats culinaires.

Ben eut sans cesse l'envie de jeter un coup d'œil, ne serait-ce qu'une seule fois, dans la boîte, mais jamais il ne succomba à la tentation.

Puis, un jour, Martha tomba malade. Ben l'emmena à l'hôpital où on la garda pour la nuit. Une fois de retour chez lui, il trouva la maison désespérément vide ; jamais Martha n'avait passé une nuit à l'extérieur. Lorsque l'heure du souper approcha, il se demanda quoi préparer – Martha aimait tellement cuisiner qu'il n'avait jamais pris la peine d'apprendre à préparer un repas.

Lorsqu'il se rendit à la cuisine pour voir ce qu'il y avait dans le réfrigérateur, la boîte de métal lui sauta immédiatement aux yeux. On aurait dit un aimant qui attirait son regard. Rapidement, il détourna ses yeux, mais la curiosité était trop forte.

Sa curiosité devint une obsession.

Que pouvait-il bien y avoir à l'intérieur ? Pourquoi ne pouvait-il pas toucher la boîte ? À quoi ressemblait cette « herbe secrète » ? Combien en restait-il ?

Ben essaya encore de regarder ailleurs. Il souleva le couvercle d'une grosse cloche à gâteau qui se trouvait sur le comptoir de la cuisine. Dieu soit loué ! Il restait la moitié d'un des fameux gâteaux de Martha. Il découpa un généreux morceau et se mit à table. Avant d'avoir pris deux bouchées, son regard se planta de nouveau sur la boîte. Cela ne ferait de mal à personne s'il y jetait un coup d'œil ! Après tout, pourquoi Martha faisait-elle tant de cachotteries à ce sujet ?

Ben avala une autre bouchée tandis qu'un débat faisait rage en lui : regarder ou ne pas regarder ? Il continua de manger pendant qu'il y réfléchissait. Finalement, il céda à la tentation.

Il traversa la cuisine à pas lents et saisit la boîte avec mille précautions, par crainte d'en renverser le contenu – une terrible éventualité. Il posa la boîte sur le comptoir et souleva délicatement son couvercle. Il avait presque peur de regarder ce qui s'y trouvait. Lorsqu'il put voir à l'intérieur, il n'en crut pas ses yeux : le contenant était vide, hormis un petit bout de papier plié dans le fond.

Il introduisit tant bien que mal ses gros doigts rudes dans la boîte de métal, puis il saisit délicatement le bout de papier par un coin et le déplia lentement sous la lumière de la cuisine. Quelques mots étaient gribouillés sur le papier. Ben reconnut immédiatement l'écriture de la mère de Martha. Ces mots disaient : « Martha, ajoute une touche d'amour à tout ce que tu fais. »

La gorge de Ben se serra. Il replaça le tout et retourna tranquillement finir son morceau de gâteau. Maintenant, il comprenait pourquoi il goûtait si bon.

Magazine *REMINISCE*
Soumis par Dot ABRAHAM

2
L'attitude et l'estime de soi

*On ne choisit ni le moment de sa mort,
ni la manière dont on meurt.
On choisit seulement sa façon de vivre.*

Joan BAEZ

La légende des deux villes

Un jour, un voyageur qui approchait d'une grande ville demanda à une vieille femme assise sur le bord de la route :
— Comment sont les habitants de cette ville ?
— Comment étaient les habitants de la ville d'où vous venez ?
— Une racaille, répondit le voyageur. Ils étaient méchants, indignes de confiance, bref, détestables.
— Ah bon ! dit la femme. Ils sont pareils dans la ville où vous allez.
Le premier voyageur venait à peine de repartir qu'un autre s'arrêta pour se renseigner sur les habitants de la même ville. De nouveau, la vieille femme lui demanda comment étaient les habitants de la ville qu'il avait quittée.
— Des gens très bien ; honnêtes, travailleurs, généreux jusqu'à l'excès. Les quitter m'a chagriné, répondit le deuxième voyageur.
La femme pleine de sagesse lui dit alors :
— Ils sont pareils dans la ville où vous allez.

THE BEST OF BITS AND PIECES

Ce qui est bien pour un être ne l'est pas forcément pour un autre. On doit donc rester fidèle à ses convictions et parfois accomplir des gestes étranges aux yeux d'autrui.

Eileen CADDY

La pirate

Nous ne voyons pas les choses comme elles sont, mais telles qu'elles se révèlent à nous.

Anaïs Nin

Un jour, Mme Smith était assise dans la salle d'attente de son médecin lorsqu'un jeune garçon et sa mère entrèrent. Mme Smith remarqua immédiatement l'enfant, car il portait un pansement sur un œil. Émerveillée de voir qu'il ne semblait nullement ennuyé par la perte d'un œil, elle le regarda suivre sa mère et s'asseoir.

Comme la salle d'attente était bondée ce jour-là, Mme Smith eut le temps de bavarder un peu avec la mère pendant que le garçon jouait avec ses petits soldats. Au début, il resta sagement assis en faisant marcher ses soldats sur le bras du fauteuil. Puis, sans dire un mot, il descendit sur le plancher en jetant un coup d'œil à sa mère.

À un moment donné, Mme Smith eut l'occasion de demander au petit garçon ce qui était arrivé à son œil. Il réfléchit longuement à la question et dit, en soulevant le pansement :

— Mon œil va très bien. Je suis un pirate !

Puis il se remit à jouer.

Mme Smith s'était fait amputer une jambe à partir du genou à la suite d'un accident de voiture. Elle venait chez son médecin afin de faire vérifier si sa plaie était suffisamment cicatrisée pour porter une prothèse. L'amputation avait eu un effet dévastateur sur elle. Elle essayait bien d'être courageuse, mais elle se sentait invalide. Lorsqu'elle écoutait sa raison, elle savait que la perte d'un membre ne l'empêcherait pas de mener une vie normale. Sur le plan émotionnel, toutefois, cette épreuve était dure à surmonter. Son médecin lui avait suggéré d'utiliser des techniques de visualisation ; cependant, malgré ses efforts, elle ne parvenait pas à se rebâtir pour de bon une image de soi acceptable. À ses yeux, elle n'était plus qu'une personne invalide.

Le mot « pirate » transforma sa vie. Elle se sentit instantanément transportée. Elle se voyait déguisée en pirate, montant fièrement la garde de son navire. Elle était debout, les jambes écartées, dont une de bois. Les mains sur les hanches, la tête haute, les épaules droites, elle riait dans la tempête. Les rafales fouettaient sa veste et ses cheveux. Les embruns glacés balayaient la balustrade du pont chaque fois qu'une énorme vague venait se fracasser contre son navire. Le bateau avait beau grincer et se balancer violemment sous la tempête, elle ne bougeait pas d'un pouce, fière et invincible.

Dès lors, son impuissance céda la place au courage. Elle regarda le petit garçon occupé à jouer avec ses soldats.

Quelques minutes plus tard, l'infirmière l'appela. Lorsqu'elle se mit à se balancer sur ses béquilles, l'enfant remarqua qu'il lui manquait une jambe.

— Eh ! Madame ! Qu'est-il arrivé à votre jambe ? lança-t-il sous le regard embarrassé de sa mère.

Mme Smith regarda sa jambe amputée pendant un instant, puis elle répondit avec un sourire :

— Rien. Moi aussi je suis un pirate.

Marjorie WALLÉ

Que cultivez-vous ?

Ce ne sont pas les possessions qui font la richesse, mais ce qu'on peut faire sans elles.

Emmanuel KANT

Sandy habite un appartement si minuscule que lorsqu'elle revient des magasins avec des achats, elle doit décider ce dont elle devra se débarrasser pour leur faire de la place. Avec l'argent que lui rapportent son travail de pigiste et quelques autres petits emplois, elle arrive à peine à acheter la nourriture et les vêtements dont sa fille de quatre ans et elle-même ont besoin.

Son ex-mari est disparu dans la nature depuis longtemps, probablement pour toujours. Plus souvent qu'autrement, sa voiture décide de prendre congé et refuse de démarrer. Sandy doit alors sortir sa bicyclette (si le temps le permet), marcher ou demander à des amis de la dépanner.

Les choses considérées comme des biens essentiels par la plupart des Nord-Américains – téléviseur, four à micro-ondes, chaîne stéréo et espadrilles de luxe – se trouvent à la toute fin de sa liste des choses qu'elle aura « un jour peut-être ».

Ses maigres ressources financières lui servent tout juste à se nourrir correctement, à se vêtir convenablement, à se loger décemment, à rembourser ses prêts étudiants, à acheter des livres pour sa fille, à payer les soins médicaux absolument nécessaires et, à l'occasion, à aller au cinéma en matinée.

Sandy a frappé à d'innombrables portes pour essayer de se dénicher un emploi correct, mais il y a toujours quelque chose qui ne va pas : manque d'expérience, profil personnel ne correspondant pas à l'emploi offert, horaire de travail incompatible avec les services de garde.

L'histoire de Sandy n'a rien d'exceptionnel. Beaucoup de familles monoparentales et de personnes âgées se trouvent en porte-à-faux par rapport à notre système économique : trop pauvres pour être financièrement autonomes, mais pas encore assez pauvres pour recevoir de l'aide gouvernementale.

Une chose, cependant, distingue Sandy : son attitude.

— Je ne possède pas grand-chose. On ne peut pas dire que je corresponds à l'image du rêve américain, m'a-t-elle déjà dit avec un sourire sincère.

— Est-ce que cela te dérange beaucoup ? lui avais-je demandé.

— Parfois. Quand je vois une petite fille du même âge que la mienne qui a de jolis vêtements et de beaux jouets, qui se balade dans une belle voiture ou qui habite une agréable maison, je me sens triste. On veut tous ce qu'il y a de mieux pour nos enfants.

— Mais est-ce que cela te rend amère ?

— Pourquoi le serais-je ? Nous mangeons à notre faim, nous avons un toit pour nous abriter, et je possède les choses qui sont véritablement importantes dans la vie.

— Et quelles sont ces choses ?

— À mon avis, quels que soient les biens qu'on peut s'acheter et le salaire qu'on gagne, il y a seulement trois choses qu'on parvient réellement à garder dans la vie.

— Que veux-tu dire par « garder » ?

— Je parle de choses que personne ne peut nous enlever.

— Et quelles sont ces trois choses ?

— Premièrement, notre vécu ; deuxièmement, nos vrais amis ; troisièmement, ce qu'on cultive en soi, m'avait-elle répondu sans hésiter.

Pour Sandy, le « vécu » ne se mesure pas aux expériences grandioses. Il est composé de moments soi-disant « ordinaires » passés en compagnie de sa fille, de promenades dans les bois, de siestes faites à l'ombre d'un arbre, de bonne musique, du plaisir de prendre un bain chaud ou de faire du pain.

Sa définition de l'amitié est plus élaborée.

— Les vrais amis sont ceux qui ne quittent jamais notre cœur, même s'ils quittent momentanément notre vie. On peut les perdre de vue pendant des années, et les retrouver comme si on les avait laissés la veille ; même après leur mort, ils restent vivants dans notre cœur.

Quant à ce que l'on cultive en soi, Sandy avait expliqué :

— C'est l'affaire de chacun, n'est-il pas vrai ? Moi, par exemple, je ne cultive ni l'amertume ni le regret. Je pourrais si je le voulais, mais je préfère ne pas le faire.

— Et qu'est-ce que tu cultives ?

Sandy posa un regard tendre sur sa fille, puis releva la tête. Elle me montra alors du doigt ses propres yeux où rayonnaient la tendresse, la gratitude et une joie profonde.

— C'est ça que je cultive.

Philip CHARD
Soumise par Laurie WALDRON

Grand-maman Ruby

Je suis la mère de deux garçons très actifs. L'un a sept ans et l'autre a un an. Parfois, j'ai peur qu'ils sèment la pagaille dans ma maison que j'ai décorée avec soin. Lorsqu'ils jouent, tout innocemment, il leur arrive de renverser ma lampe favorite ou de déranger l'aménagement intérieur que j'ai minutieusement planifié. Dans ces moments-là où mes fils ne semblent rien respecter, je me rappelle la leçon pleine de sagesse que j'ai apprise de ma belle-mère, Ruby.

Ruby a six enfants et treize petits-enfants. Elle est l'incarnation de la patience et de l'amour. Une année, à l'occasion de Noël, tous les enfants et petits-enfants s'étaient réunis chez Ruby, comme d'habitude. Un mois auparavant, Ruby s'était débarrassée de la vieille moquette qu'elle avait depuis vingt-cinq ans et avait fait installer une magnifique moquette blanche. Elle était tout à fait ravie du bel effet que ce changement donnait à sa maison.

Mon beau-frère, Arnie, venait de terminer la distribution de ses cadeaux à tous ses neveux et nièces : du miel de première qualité provenant de ses propres abeilles. Les enfants étaient excités. Toutefois, ce qui devait arriver arriva : Sheena, huit ans, renversa son pot de miel sur la moquette de sa grand-mère. Il y avait des traînées de miel partout au rez-de-chaussée.

En larmes, Sheena courut dans la cuisine se jeter dans les bras de Ruby.

— Grand-maman, j'ai renversé mon miel sur ta belle moquette neuve !

Ruby s'agenouilla, regarda tendrement sa petite-fille aux yeux rougis par les pleurs et dit :
— Ne t'en fais pas, ma chérie. On te trouvera un autre pot de miel.

Lynn ROBERTSON

Problème ou solution ?

C'était en 1933. Venant de perdre mon emploi à temps partiel, je ne pouvais plus apporter de contribution financière à ma famille. Le seul revenu qui nous restait était celui que ma mère pouvait tirer de son travail de couturière.

Peu de temps après, ma mère tomba malade et fut incapable de travailler pendant quelques semaines. Lorsque nous ne pûmes plus payer l'électricité, les employés de la compagnie vinrent couper le courant. Puis la compagnie de gaz vint couper le gaz. Puis ce fut au tour du service de l'eau. Heureusement, le département de santé publique obligea celui-ci à nous redonner l'eau courante pour des raisons sanitaires. Nous étions presque au bout du rouleau. Par chance, nous avions un potager et pouvions cuisiner un peu sur un feu de camp que nous allumions dans la cour arrière.

Un jour, ma jeune sœur arriva de l'école en sautillant et dit :

— On doit apporter quelque chose à l'école demain pour donner aux pauvres.

Ma mère commença à bredouiller :

— Je ne connais personne de plus pauvre que nous...

Mais ma grand-mère, qui vivait avec nous à cette époque, la fit taire en posant la main sur son bras, les sourcils froncés.

— Eva, si tu laisses croire à une enfant de cet âge qu'elle est « pauvre », elle le sera toute sa vie. Il nous reste un pot de confiture maison. Elle peut le prendre.

Grand-maman dénicha un peu de papier de soie et un petit bout de ruban rose pour emballer notre dernier pot de confiture. Le lendemain, ma sœur partit pour l'école d'un pas léger, transportant fièrement son « cadeau pour les pauvres ».

Après cet événement, chaque fois qu'un problème se présentait dans notre communauté, ma sœur se considérait, tout naturellement, comme un élément de la solution.

Edgar B<small>LEDSOE</small>

La véritable beauté

À l'occasion de la fête des Mères, Jeannie ne ménagea aucun effort pour choisir avec soin un cadeau vraiment spécial à l'intention de sa mère, Bess. Dès ses premiers chèques de paie, elle amassa l'argent dont elle avait besoin pour offrir à sa mère une consultation dans un salon de beauté. Le jour du rendez-vous, elle arriva à mon salon de beauté avec sa mère, une femme timide d'allure ordinaire.

Pendant le drapé des couleurs et le changement de *look* que je lui préparais, Bess admit que pendant des années, elle avait tout donné à sa famille et s'était négligée. Par conséquent, elle ne s'était jamais souciée des vêtements qu'elle portait, ni de la façon de se maquiller.

Dès que je plaçai quelques jolies couleurs près de son visage, elle embellissait, mais elle ne semblait pas s'en rendre compte. Après avoir appliqué les dernières touches de fard et de rouge à lèvres pour mettre en valeur son teint, je l'invitai à se regarder dans un miroir sur pied. Elle se contempla longuement, comme si elle voyait une étrangère, puis elle se rapprocha petit à petit de son image. Finalement, les yeux rivés à son reflet, la bouche entrouverte, elle effleura le miroir avec ses doigts.

— Jeannie, viens près de moi, dit-elle.

Prenant sa fille par l'épaule, elle montra du doigt l'image dans la glace :

— Jeannie, regarde-moi. Je suis belle !

La jeune femme regarda la femme plus âgée et lui dit, les larmes aux yeux :
— Oui, maman, tu es belle comme tu l'as toujours été.

Charlotte WARD

Le mot d'Angela

Lorsqu'Angela n'était qu'une enfant,
Âgée de deux ou trois ans,
Ses parents lui enseignaient déjà
À ne jamais dire NON.
Ils lui répétaient qu'elle devait toujours
Obéir à son père et à sa mère,
Qu'autrement elle serait punie
Et devrait aller au lit.

Toujours est-il que les années passèrent
Et Angela devint une fille obéissante ;
Elle ne cédait jamais à la colère et à la rébellion,
Se montrait toujours généreuse et prévenante ;
Car peu importe ce que lui disaient ses parents,
Elle croyait toujours qu'ils avaient raison.

Angela l'angélique fut une élève douée et charmante,
Qui, bien entendu, respectait tous les règlements.
Ses professeurs la trouvaient bien élevée,
Tranquille et attentionnée,
Mais ils ne se demandèrent jamais,
Comment elle se sentait.

Angela n'avait que des amis
Qui appréciaient son sourire perpétuel
Et qui savaient qu'on pouvait toujours compter sur elle.
Même malade et alitée,
Si on lui demandait d'aider,
Elle répondait « Oui » sans hésiter.

Mariée à un avocat, Angela avait maintenant
   trente-trois ans,
Une belle vie à la banlieue et de beaux enfants.
Si quelqu'un lui demandait comment elle allait,
Elle disait toujours : « Bien, merci ».

Mais, une nuit froide, à l'approche de Noël,
Alors que toute sa famille dormait,
Elle resta éveillée dans son lit,
Étourdie par un tourbillon de pensées ;
Sans savoir pourquoi ni comment,
Elle ne voulait plus vivre.
Elle supplia même le Tout-Puissant
De mettre un terme à sa vie.

Elle entendit alors, au plus profond de son être,
Une voix douce et grave
Qui ne souffla qu'un seul mot… non.

À partir de ce moment-là,
Angela sut ce qu'il lui restait à faire.
Comme toute sa vie avait tourné autour de ce mot,
Voilà ce qu'elle réserva aux êtres qui lui étaient chers :

NON, je refuse.
NON, je ne suis pas d'accord.
NON, c'est à toi de le faire.
NON, je n'aime pas ça.
NON, je désire autre chose.
NON, ça me fait trop mal !
NON, je suis fatiguée,
NON je suis occupée.
Et NON, ce n'est pas ce que je veux.

Sa famille en fut étonnée,
Ses amis en restèrent bouche bée,
Mais, ils le voyaient bien dans ses yeux,
Angela avait changé.
Car, lors de cette nuit froide et tourmentée,
Angela l'angélique avait reçu
La permission de dire non.

Depuis, Angela est d'abord une femme,
Ensuite une mère et une épouse ;
Elle sait où sa personne commence et se termine,
Elle a sa propre vie.
Elle a ses talents à elle et ses ambitions,
Elle connaît ses besoins, ses désirs et ses émotions.
Elle a son propre compte en banque, et
Elle a enfin son mot à dire.

À son fils et à sa fille elle enseigne :
« C'est très bien d'être d'accord ;
Mais pour grandir et se réaliser pleinement,
Il faut savoir dire non.
Car je sais que j'ai parfois tort,
Et comme je vous aime profondément,
Vous serez toujours mes anges,
Même quand vous me dites non. »

Barbara K. BASSETT

Dites seulement oui

La vie est soit une aventure trépidante, soit rien du tout.

Helen KELLER

Je suis humoriste. À une époque, je travaillais dans une station de radio de New York et je lisais les bulletins de météo en utilisant un personnage surnommé June East (la sœur oubliée de Mae West). Un jour, une journaliste du *Daily News* me téléphona et me dit qu'elle voulait écrire un article sur moi. Une fois l'interview terminée, elle me demanda :

— Quels sont vos projets pour l'avenir ?

Comme je n'en avais alors aucun, j'essayai de gagner du temps et lui demandai d'être plus précise. Elle me répondit qu'elle désirait vraiment suivre ma carrière de près. Je n'en croyais pas mes oreilles : une journaliste du *Daily News* qui s'intéressait à moi ! Je me sentis donc obligée de trouver quelque chose à dire. Et voilà ce qui sortit :

— Je songe à battre le record Guinness de la femme qui parle le plus vite au monde.

L'article parut le lendemain et faisait mention de mon ambition de devenir la femme qui parle le plus vite au monde. Cet après-midi-là, aux environs de dix-sept heures, l'équipe du *Larry King Live* me téléphona pour me demander de participer à leur émission. Ils voulaient que j'essaie de briser le record à la télévision et m'annoncèrent qu'ils passeraient me prendre vers vingt heures – c'est-à-dire le *soir même* !

Précisons tout de suite que je ne connaissais pas cette émission. Aussi, lorsque l'enquêtrice au bout du fil me dit qu'elle travaillait pour le Manhattan Channel, je pensai « Hummm... c'est un canal de films pornographiques, non ? » Elle me rassura toutefois patiemment, disant que leur émission était diffusée partout aux États-Unis et qu'il s'agissait d'une chance unique qui ne se présenterait plus – ou bien j'acceptais, ou bien tout tombait à l'eau.

Je restai les yeux rivés sur le téléphone. J'avais un engagement ce soir-là dans le New Jersey, mais vous imaginerez aisément laquelle des deux choses me tentait le plus. Décidant de me trouver un remplaçant pour le spectacle que j'étais censée donner à dix-neuf heures, je contactai tous les humoristes que je connaissais. Grâce à Dieu, quelqu'un accepta de me remplacer et, cinq minutes avant l'heure limite convenue pour la réponse, je téléphonai à l'équipe de *Larry King Live* pour dire que j'acceptais.

Ce n'est qu'à ce moment que je m'assis en me demandant ce que j'allais bien pouvoir faire pendant l'émission. J'appelai chez Guinness et leur demandai comment il fallait s'y prendre pour battre le record de la femme qui parle le plus vite au monde. Ils répondirent que je devais réciter un passage de la Bible ou un extrait de Shakespeare.

Je me mis subitement à réciter le 91e psaume, une prière que ma mère m'avait enseignée pour demander protection. Comme j'étais plutôt allergique à Shakespeare, je me dis que la Bible était ma seule planche de salut. Je commençai à répéter et répéter, sans m'arrêter. Je me sentais à la fois nerveuse et excitée.

Comme prévu, à vingt heures, une limousine vint me prendre. En route vers le studio de télévision, je continuai de répéter à un point tel qu'une fois rendue à destination, j'avais presque perdu la voix. Je demandai à la femme qui s'occupait de moi :

— Et qu'arrivera-t-il si je rate mon coup ?

— Tout ce que Larry veut, c'est que votre première tentative ait lieu durant son émission.

Je m'interrogeai alors. « Quelle est la pire chose qui puisse m'arriver ? C'est de me couvrir de ridicule devant des millions de gens ! Une peccadille », songeai-je. Le ridicule ne tue pas. Et qui sait, peut-être battrai-je ce record !

Je conclus donc que j'allais tout simplement donner le maximum, et c'est ce que je fis. Devant des millions de téléspectateurs, je récitai cinq cent quatre-vingt-cinq mots en une minute et brisai le record de la femme qui parle le plus vite au monde. (Deux ans plus tard, je battis mon propre record en récitant six cent trois mots en une minute). Ma carrière prit son envol.

Les gens me demandent souvent comment j'ai fait pour battre ce record, ou pour arriver à faire toutes ces choses que j'ai accomplies (prononcer une conférence pour la première fois, donner un spectacle pour la première fois, ou sauter en *bungee* pour la première fois). Je leur réponds que ma philosophie de vie est simple : sur le coup, je dis toujours oui, puis je me demande : « Que dois-je faire pour y arriver ? »

Je me pose ensuite une autre question : « Quelle est la pire éventualité ? » Ne pas réussir, c'est tout. Et la meilleure ? Réussir.

Qu'est-ce que la vie peut demander de plus ? Soyez vous-même et amusez-vous !

Fran CAPO

Le don du bavardage

Ma mère me recommandait souvent de ne jamais parler aux étrangers ; pourtant, elle passait son temps à le faire. Dans les files d'attente. Dans les magasins. Dans les ascenseurs qui montent et descendent lentement pendant que tout le monde regarde fixement les boutons de commande. Dans les aéroports, pendant les matches de football et à la plage.

Heureusement, je suivis son conseil uniquement lorsque je rencontrais des individus à l'air louche, et je crois que je m'en porte beaucoup mieux ainsi.

Si aujourd'hui je souris en pensant à ma mère qui engageait la conversation avec tous les gens qu'elle croisait, cette habitude fut à l'époque de mon adolescence une source d'embarras.

— C'est également le premier de ma fille, confia-t-elle un jour à une femme qui se trouvait elle aussi avec son adolescente au rayon des soutiens-gorge d'un magasin près de chez nous.

Sur le coup, je voulus m'enfuir à toutes jambes ou me cacher sous les pans d'un peignoir suspendu à côté, mais finalement, je rougis de honte et lui dis, les dents serrées :

— Ma-mannnnnnn !

Je me sentis cependant un petit peu mieux lorsque la mère de l'autre fille répondit :

— J'essaie d'en trouver un pour Sarah, mais ils sont tous trop grands.

Ma mère frappait parfois un mur lorsqu'elle faisait un commentaire à haute voix ou lorsqu'elle essayait d'amorcer une conversation. Certains lui répondaient par un demi-sourire pincé, puis s'esquivaient. D'autres faisaient comme si elle n'était pas là. Chaque fois que j'étais témoin d'une telle scène, je sentais bien qu'elle en était froissée, mais elle haussait les épaules et nous continuions notre chemin.

Plus souvent qu'autrement, toutefois, j'allais flâner un peu plus loin et lorsque je revenais près d'elle, je la trouvais encore en train de bavarder avec quelqu'un. Il y eut quelques occasions où je craignis de la perdre dans la foule, mais je finissais toujours par entendre son rire chantant et un commentaire du genre : « Oui, oui, moi aussi. »

À travers ces conversations impromptues, ma mère m'a enseigné que notre univers est trop grand – ou trop petit, selon le point de vue – pour qu'on s'empêche d'entrer en relation avec les autres. J'ai appris aussi que toutes les femmes sont à la fois uniques et apparentées. Même dans ce qui existe de plus banal, des fibres féminines nous unissent. Peut-être est-ce pour cela que nous préférons le papier au plastique, que nous pensons toutes qu'un pull bleu marine est un bon achat, ou que nous avons toujours la chair de poule en entendant l'hymne national.

Un des derniers souvenirs que je garde de ma mère remonte à quelques heures avant sa mort, lorsqu'elle était hospitalisée à cause d'un cancer du sein, ne pesant plus que quarante kilos. Malgré tout, elle souriait faiblement et expliquait à son infirmière comment planter des bulbes de tulipe. Je restais silencieuse dans l'embrasure de la porte de sa chambre, en proie au chagrin mais éprouvant un immense élan d'amour et de chaleur humaine. Elle m'a enseigné à voir le meilleur chez les gens. Jamais je ne l'oublierai, surtout lorsque je me tourne vers quelqu'un, aujourd'hui, pour dire : « Belle journée, n'est-ce pas ? »

Lynn Rogers Petrak

L'épouvantail de la classe

Un petit mot gentil est facile à dire et trouve parfois un écho sans fin.

Mère Teresa

— Tu devrais avoir *honte* ! Tu es en dernière année du primaire et tu te comportes encore comme une vraie *barbare* !

Dans tous ses états, Mme Brimm m'assit sans ménagement sur le banc de bois glissant du bureau du directeur de l'école. (En privé, tous les élèves la surnommaient « Mme Grimm[1] ». Comble de malchance, il avait fallu que ce soit elle qui assure la surveillance de la cour d'école le jour où j'avais décidé de donner à mon pire ennemi, Johnny Welson, une leçon bien méritée.) La redoutée institutrice, ses cheveux noirs courts encadrant ses joues très blanches, haussait les sourcils en guise de désapprobation, les yeux aussi durs que de la pierre.

Ma propre institutrice, la digne Mme Peterson, était tout le contraire de Mme Brimm : même lorsqu'elle se voulait sérieuse, on sentait qu'elle avait envie de sourire. Malheureusement, Mme Peterson n'était pas là. « Personne ne se soucie de ma version à moi », songeai-je, essayant de contrebalancer ma peur par une brusque montée de colère et de fierté blessée. « John et les autres gars se moquent de moi, me bousculent et me traitent de tous les noms à longueur d'année, mais

---

[1] *Grimm* : sévère. (N.d.T.)

quand j'essaie enfin de prendre ma revanche, elle se pointe et me blâme, *moi* ! »

— *Quand* vas-tu te décider à *grandir* et à te comporter en *jeune fille*… ? me lança Mme Brimm en lâchant mon bras avec dégoût. Vous ne *bougez* pas ! Mlle Moss.

Apparut alors au-dessus d'un imposant classeur le visage timide de la réceptionniste, Mlle Moss.

— Gardez à l'*œil* cette jeune délinquante ! dit Mme Brimm.

Rentrant le cou dans ses épaules telle une poule agitée, Mlle Moss jeta un coup d'œil sur mon visage couvert de boue, regarda le visage en furie de Mme Brimm, secoua les mains en direction de la porte ouverte qui débouchait sur le bureau du directeur puis, sans dire un mot, retourna précipitamment à son bureau. Mme Brimm entra à grands pas dans le bureau de M. Swensen en claquant la lourde porte derrière elle. De temps en temps, on entendait des éclats de voix : « Tout simplement *impossible* ! », « Honteux ! »…

Mlle Moss s'installa derrière son bureau, repliée sur des dossiers, fouillant dans la paperasse, ouvrant et refermant des tiroirs sans raison apparente, pendant que j'essayais, à la dérobée, d'évaluer les dommages infligés à mon bras droit. C'était ce bras que John Rosse, le garçon le plus populaire de la classe, et Johnny Welson, son meilleur ami, avaient frappé lorsqu'ils m'avaient injuriée : « Grande perche ! », « Épouvantail ! », « Bouche de métal ! », « Retardée » et, en pointant l'index vers mes grosses chaussures, « Voici les bottes de sept lieues, de Linda Legree ! » Je trouvais cette comparaison plutôt flatteuse, connaissant la redoutable réputation de Simon Legree.

S'il y en a une qui admettait sans ambages mon manque de grâce, c'était bien moi. J'avais atteint la taille peu enviable d'un mètre soixante-dix, malgré la polio qui m'avait frappée l'année d'avant, et j'étais maintenant « aussi décharnée qu'une corneille plumée » comme disait souvent ma grand-mère. Mes appareils orthodontiques doubles, mes chaussures orthopédiques et mes lunettes que je haïssais tant n'arrangeaient rien. J'avais beau courber les épaules pour me rapetisser, j'étais toujours la plus grande de toute l'école. Et comme si cela ne suffisait pas, je venais de redoubler. En théorie, c'était parce que je devais rattraper les mois d'école manqués à cause de la polio ; en réalité, c'était pour me donner une chance d'améliorer mon pitoyable dossier scolaire.

Ma mère avait une grande confiance en Mme Peterson, cette grande et sereine institutrice.

— Si quelqu'un peut arriver à quelque chose avec Linda, avait-elle confié à ses amies du Club féminin, c'est bien Mme Peterson.

Or nous étions à la mi-novembre seulement et j'en étais à ma troisième visite au bureau du directeur pour cause de bagarre. Soudain, la porte s'ouvrit et Mme Brimm sortit de chez le directeur, fendant l'air et laissant s'échapper un dernier « C'est *honteux* ! » M. Swensen apparut ensuite dans l'embrasure de la porte, l'air beaucoup plus fatigué et défait que je ne l'étais. « Si Mme Peterson est censée faire quelque chose pour moi, elle devrait se dépêcher ! » pensai-je.

Une semaine plus tard, après avoir été renvoyée de l'école pendant cinq jours avec une tonne de devoirs à faire, après avoir été durement réprimandée par mon père et ma mère, après avoir été cruellement obligée d'aller chez les parents de Johnny Welson pour m'excuser de la voix la plus inintelligible que je pus trouver, je retournai à l'école. Je me trouvais maintenant près de la porte de ma classe, d'où me parvenait le babil joyeux des autres élèves, et j'avais la nausée seulement à penser aux visages satisfaits qui allaient m'accueillir.

Une main toucha mon épaule et la voix amicale de Mme Peterson me dit :

— Ah ! Te voilà ! Mon Dieu, tu m'as manqué, Linda.

Je levai la tête et vis que tout son visage souriait.

— J'ai obtenu une faveur pour toi dont j'aimerais te parler tantôt pendant que les autres travailleront, m'annonça-t-elle en me traînant doucement dans la classe. Je trouve que notre classe a besoin d'un petit rajeunissement. Peut-être pourrais-tu nous faire une peinture murale : des chevaux dressés sur leurs pattes arrière, comme tu les dessines souvent sur tes travaux ? Tu es assez grande pour faire une peinture qui remplirait tout le tableau d'affichage près de la fenêtre, et tu pourrais y travailler durant la lecture en équipes, ou chaque fois que tu as du temps libre après tes travaux.

Je lui souris à mon tour, oubliant momentanément le supplice qui m'attendait.

— Veux-tu venir me voir tantôt quand tes camarades travailleront ? Je t'expliquerai tout cela plus en détail.

Je hochai la tête. Comme d'habitude, elle m'avait accueillie chaleureusement et s'était montrée prévenante. Elle serra ma main amicalement et alla à son bureau.

Alice Lee sourit et me donna un petit coup lorsque je passai à côté de son pupitre. Je baissai les yeux pour regarder son visage rond et gai. Elle me dit doucement :

— Bonjour !

Soudain, j'entendis des gloussements derrière moi et des chuchotements qui se voulaient audibles :

— Eh ! L'épouvantail est de retour !

Ça, c'était Cherri. « Je t'aurai bien après l'école, toi », songeai-je rageusement, l'estomac dur comme un poing serré.

— Retardée ! Retardée ! chantonna tout bas Wardie Masterson, avant que John Rosse dise :

— Quel temps fait-il là-haut, grande perche ?

Un rire explosa, me blessant à vif.

Puis j'entendis une autre voix, résonante et musicale, qui mit fin aux murmures et aux rires.

— Grande perche ? fit la voix, laissant poindre l'étonnement.

Tous les élèves se tournèrent alors vers Mme Peterson ; penchée sur le diorama de Denise, elle se redressait maintenant de toute sa taille, les yeux grands ouverts, le regard ahuri.

— Ai-je entendu quelqu'un traiter notre Linda de grande perche ? demanda-t-elle de nouveau, incrédule.

On aurait dit qu'elle flottait sur place, rayonnant d'un calme qui figea tout le monde.

Notre Linda ! Mme Peterson avait prononcé ces mots comme s'ils étaient importants, sacrés, comme si elle avait dit *Notre Père*. La surprise faillit me couper le souffle.

— Tiens donc ! *Moi*, j'ai toujours vu Linda comme notre mannequin Powers.

Vingt-neuf visages perplexes regardèrent Mme Peterson.

— Vous ne connaissez pas l'agence de mannequins Powers à New York ? demanda Mme Peterson en promenant sur nous son regard noisette.

Nous fîmes tous non de la tête, comme si nos crânes étaient reliés à une même ficelle. New York ! C'était à l'autre bout de la terre pour nous qui habitions Ogden, dans l'Utah.

— Voyons donc ! L'agence Powers compte les mannequins les plus célèbres au monde, poursuivit Mme Peterson avec emphase. Tous leurs mannequins doivent mesurer au moins un mètre quatre-vingts.

Nous étions tous stupéfaits, y compris moi-même. Quelques paires d'yeux me lancèrent un regard appréciateur, mais cette fois, au lieu de me sentir amoindrie, je me redressai en regrettant pour la première fois de ma vie de ne pas être plus grande encore.

Mme Peterson continua.

— Savez-vous pourquoi ces mannequins doivent être si grands ? demanda-t-elle.

Personne ne le savait.

— Eh bien ! C'est parce que les femmes grandes sont sculpturales, et les vêtements qu'on leur fait porter tombent beaucoup mieux.

Sculptural ! Quel mot ! Mme Peterson sourit avec chaleur et mit fin ainsi à l'envoûtement dans lequel elle nous avait tenus. Elle posa sa main sur l'épaule de la très populaire Annelle Crabtree (populaire, oui, mais misérablement petite) et dit :

— Es-tu prête à me montrer ton plan, Annelle ?

Puis elle retourna à son bureau.

Je me dirigeai vers mon pupitre telle une reine. Les autres élèves qui se trouvaient dans l'allée, y compris John Rosse, me laissèrent passer avec empressement. J'avais des choses à faire, des dessins à compiler, des décisions à prendre. Allais-je être mannequin chez Powers *avant* de devenir garde forestier et vétérinaire ? ou après ? La célébrité allait-elle interférer avec ma vie au sommet d'une haute montagne ? Je m'assis sur ma chaise, heureuse des espoirs que je pouvais maintenant nourrir – sculpturale ! Des chevaux fougueux piaffaient et cabriolaient dans mon esprit. Des chevaux sculpturaux ! Quelle magnifique peinture murale j'allais leur faire !

Linda JESSUP

Un jour qu'on lui demanda comment il se faisait qu'elle paraissait si jeune malgré sa vie exigeante, Mère Teresa répondit : « Parfois, un bon sentiment bien senti vaut beaucoup plus qu'une visite chez l'esthéticienne. »

3
L'adversité

*On ne pourrait vivre dans toute sa plénitude
la richesse de l'expérience humaine
s'il n'existait d'obstacles à surmonter.*

Helen KELLER

Nous revenons de loin

Une femme est comme un sachet de thé : on ne connaît sa force que si on la plonge dans l'eau chaude.

Nancy REAGAN

En 1996, nous, les femmes, possédons pour la plupart un réseau de contacts et d'entraide aussi solide que celui dont profitent les hommes depuis des décennies. En effet, la société réserve aux femmes une bien meilleure place que celle qui leur revenait il y a quarante ou cinquante ans. Dès que je me mets à me complaire dans cette pensée, je songe à ma mère... et je me demande alors si j'aurais survécu à tout ce qu'elle a enduré à l'époque.

En 1946, ma mère, Mary Silver, était mariée depuis presque sept ans avec mon père, Walter Johnson, et avait déjà quatre enfants actifs et turbulents. À peine âgée de six ans, j'étais l'aînée ; les autres me suivaient de près : deux garçons de quatre et deux ans, puis une fille née depuis peu. Nous vivions dans une très vieille maison isolée.

Je sais peu de chose de la vie que menaient mes parents à l'époque. Cependant, comme j'ai moi-même élevé deux enfants dans des coins retirés du pays, j'imagine ce que cette vie a dû être, surtout pour ma mère. Avec quatre enfants en bas âge, un mari dont le sens des responsabilités se limitait à amener du pain sur la table et à tondre la pelouse, aucun voisin et très peu d'occasions de se faire des amies, ma mère ne disposait d'à peu près aucun moyen pour relâcher l'intense pression qui devait monter en elle. Pourtant, on ne sait pourquoi, mon père avait décidé qu'elle « couraillait ». Cela reste un mystère pour moi, car avec quatre enfants constamment accrochés à ses jupes, comment aurait-elle pu trouver le temps de rencontrer qui que ce soit et de « courailler » ? De toute façon, l'opinion de mon père était faite et rien ne pouvait la changer.

Un jour, au printemps de 1946, ma mère sortit afin d'aller chercher du lait pour le bébé. À son retour, mon père se tenait à une des fenêtres de l'étage, un fusil à la main. Il lui cria :

— Mary, si tu essaies seulement d'entrer dans la maison, je tire sur tes enfants.

Voilà comment il lui laissa savoir qu'il voulait divorcer.

Ce fut la dernière fois que ma mère vit sa maison. Papa l'obligea à partir sur-le-champ, avec comme uniques bagages les vêtements qu'elle portait, l'argent qui se trouvait dans son sac à main – et un litre de lait. Si cet incident s'était déroulé à notre époque, elle aurait pu recevoir de l'aide : un refuge pour femmes en difficulté, un numéro de téléphone sans frais, un réseau d'amies qu'elle se serait bâti en travaillant à temps plein ou partiel. Elle aurait eu un carnet de chèques et des cartes de crédit. Et elle aurait pu se tourner vers sa famille sans honte aucune. Toutefois, en 1946, rien de tout cela n'existait. Les gens mariés ne divorçaient tout simplement pas.

Elle se retrouva donc complètement seule. Mon père avait même réussi à se faire un allié du père de ma mère : mon grand-père maternel avait alors interdit à ma grand-mère d'adresser la parole à sa fille au moment où elle en avait le plus besoin.

Quelque temps avant de se présenter devant le juge, mon père contacta ma mère et lui dit :

— Écoute, Mary, je ne veux pas vraiment divorcer ; tout ce que je souhaitais, c'était de te donner une leçon.

Cependant, en dépit de sa situation plutôt désespérée, ma mère jugea préférable de ne pas revenir auprès de mon père et de lui laisser le soin d'élever les enfants. Elle lui répondit donc :

— C'est hors de question. Je n'ai pas fait autant de chemin pour maintenant revenir en arrière.

Où pouvait-elle aller ? Elle ne pouvait pas retourner à la maison, pas plus qu'elle ne pouvait rester à Amherst. Tout d'abord, elle savait que personne ne l'hébergerait. Ensuite, comme les soldats revenaient de la guerre, il lui aurait été impossible de trouver du travail. Mais plus important encore, mon père y vivait. Elle prit donc un autobus en direction du seul endroit qui pouvait lui donner une chance : New York.

Ma mère avait un atout important : une bonne éducation et un diplôme en mathématiques. En femme de son époque, toutefois, elle avait emprunté la voie typique des années 1930 et 1940, c'est-à-dire qu'elle était passée directement de l'école au mariage. Elle ignorait donc totalement comment se trouver du travail et subvenir à ses besoins.

New York présentait des avantages : premièrement, comme cette ville était située à seulement trois cent cinquante kilomètres d'Amherst, ma mère pouvait se payer le billet d'autobus pour s'y rendre ; deuxièmement, c'était une grande ville, donc un endroit où l'on pouvait dénicher un emploi. Ma mère voulait absolument trouver le moyen de subvenir aux besoins de ses quatre enfants. En arrivant à New York, elle s'installa au YWCA pour un dollar cinquante la nuit. Tout près du Y se trouvait une cafétéria dotée de distributeurs automatiques où elle pouvait se procurer, pour environ un dollar par jour, des sandwiches aux œufs et du café.

Une fois installée, ma mère commença à arpenter les rues.

Pendant plusieurs jours qui se transformèrent en semaines, elle ne trouva rien : il n'y avait aucun emploi disponible pour diplômés en mathématiques, hommes ou femmes, et aucun emploi tout court pour les femmes. Chaque soir, elle revenait au Y, lavait à la main ses sous-vêtements et son chemisier blanc, et les suspendait pour sécher. Puis, au matin, elle empruntait le fer et la planche à repasser du Y pour enlever les faux plis sur son chemisier. Ces seuls vêtements, de même qu'une jupe de flanelle grise, constituaient sa garde-robe. Le soin qu'elle y apportait meublait ses longues soirées de solitude. Sans livres, sans monnaie de trop pour s'offrir le journal, sans téléphone (à qui aurait-elle téléphoné de toute façon ?) et sans autre poste de radio que celui du rez-de-chaussée (où la clientèle du Y n'avait rien de recommandable), ses soirées durent être absolument affreuses.

Comme on pouvait le prévoir, l'argent vint à manquer et la liste des agences de placement se fit de plus en plus courte. Un certain jeudi, finalement, il ne resta plus à ma mère qu'une agence de placement à contacter et moins d'argent dans les poches que le dollar cinquante exigé pour sa chambre. Ce jour-là, elle essaya très fort de ne pas penser à l'éventualité de dormir dans la rue.

Elle gravit plusieurs étages avant d'arriver à l'agence, où le personnel lui demanda de remplir les formulaires usuels. Lorsqu'on la fit venir pour l'interviewer, elle était prête à recevoir la mauvaise nouvelle habituelle :

— Nous sommes désolés. Il n'y a aucun emploi disponible. Nous arrivons à peine à trouver des emplois aux hommes qui font appel à nos services.

Car, évidemment, les hommes avaient la priorité.

Lorsqu'elle entra dans le bureau où on allait l'interviewer, elle était telle une automate. Presque engourdie, elle s'apprêtait à tourner les talons pour repartir lorsqu'elle entendit la femme murmurer autre chose que la mauvaise nouvelle à laquelle elle s'attendait.

— Je suis désolée, je n'ai pas entendu. Pouvez-vous répéter ? demanda ma mère.

— Je disais qu'il y a toujours de l'ouvrage chez George B. Buck, mais personne ne veut de ce travail. En fait, personne ne travaille là longtemps, répéta la femme, désignant de la tête une boîte de fiches posée sur un classeur.

— En quoi consiste l'emploi ? Expliquez-moi, demanda ma mère, impatiente, en se rassoyant sur la chaise droite. Je suis prête à accepter n'importe quel emploi et à commencer immédiatement, ajouta-t-elle.

— Eh bien… c'est un emploi de commis actuaire pour lequel vous êtes qualifiée, mais le salaire est maigre et je suis certaine que vous n'aimerez pas ce travail, dit la femme en prenant dans la boîte la fiche correspondante. Bon, la fiche dit que l'emploi est disponible immédiatement. J'imagine que vous pouvez donc y aller tout de suite. Il est encore tôt.

Ma mère raconte qu'elle arracha littéralement la fiche des mains de la préposée et qu'elle dévala les escaliers. Elle ne reprit même pas son souffle avant de parcourir les quelques pâtés de maisons qui la séparaient de l'adresse indiquée sur la fiche. Lorsqu'elle se présenta au directeur du personnel, celui-ci, surpris, annonça qu'elle pouvait en effet commencer immédiatement si elle voulait, qu'il y avait beaucoup à faire. En outre, c'était jeudi, jour de paie. Il faut dire qu'à l'époque, la plupart des entreprises payaient leurs employés directement à la caisse pour les jours travaillés, y compris pour le jour de paie. Miraculeusement, donc, à cinq heures de l'après-midi, ma mère reçut l'argent de ses cinq heures de travail. Une somme bien modeste, certes, mais suffisante pour tenir jusqu'au jeudi suivant, puis jusqu'à l'autre, et ainsi de suite.

Mary Silver travailla pour George B. Buck & Company pendant trente-huit ans et gravit les échelons jusqu'à l'obtention d'un poste très respectable. Je me rappelle qu'on lui donna un jour un bureau qui faisait le coin d'un des étages, ce qui n'est pas rien à Manhattan. Dix ans après sa première journée de travail, elle acheta pour nous une maison dans la banlieue du New Jersey, à deux pas d'un arrêt d'autobus en direction de la ville.

Aujourd'hui, on dirait qu'un foyer sur deux est dirigé par une femme seule qui travaille. On oublie souvent qu'il fut une époque où cette situation était presque impossible. Je me sens à la fois humble à l'égard des réalisations de ma mère et suffisamment fière pour me remuer les fesses. Si je reviens de loin et que j'ai pu parcourir autant de chemin, c'est parce que beaucoup, beaucoup de femmes ont défriché le terrain pour moi, à commencer par une femme remarquable : ma mère.

Pat BONNEY SHEPHERD

Au nom de la justice

Juste avant que Harry Day n'entre à l'université Stanford, son père mourut. Harry dut alors renoncer à son projet d'étudier, car il fallait qu'il s'occupe du ranch familial. La vie était dure à cette époque. Leur petite maison en brique située à la frontière du Nouveau-Mexique et à des kilomètres de la ville la plus proche n'avait ni électricité ni eau courante.

La vie suivit quand même son cours et Harry vint à se marier avec Ada Mae. Lors de la naissance de leur premier enfant, ils parcoururent les trois cents kilomètres qui les séparaient d'El Paso pour l'accouchement, puis ils ramenèrent à la maison leur bébé, une fille prénommée Sandra. Ainsi commença leur nouvelle vie avec les ressources limitées qu'offrait le ranch.

Comme il n'y avait aucune école aux alentours, Ada Mae fit ce qu'il fallait : elle commença à instruire la petite Sandra à l'âge de quatre ans, passant chaque jour de longues heures à lui faire la lecture. Harry et Ada Mae savaient qu'ils voulaient donner à leur fille une bonne instruction, celle qu'Harry n'avait pu avoir. Plus tard, ils réussirent à l'envoyer dans le meilleur pensionnat qu'ils pouvaient lui offrir.

Non seulement Sandra alla-t-elle au collège, mais elle obtint un diplôme de la faculté de droit de l'université Stanford. Elle termina ses études parmi les meilleurs élèves de sa classe et se lança avec assurance sur le marché du travail dans l'espoir de faire carrière au sein d'un cabinet réputé. Cependant, un obstacle se dressait : les seuls postes qu'on lui offrait étaient des emplois de secrétaire juridique.

Elle décida donc d'amorcer sa carrière à San Mateo, en Californie, comme adjointe du procureur local. Plus tard, elle déménagea avec son mari en Arizona où elle mit sur pied un cabinet de premier plan.

Presque trente ans après ses études à l'université Stanford, elle reçut un coup de fil de William French Smith, procureur général des États-Unis : le président Reagan venait de la nommer juge à la Cour suprême des États-Unis. Sandra Day O'Connor devint ainsi la première femme à occuper ce poste.

THE BEST OF BITS & PIECES

Quelle tête !

Lorsqu'une jeune fille arrive à l'âge de seize ans, elle se regarde dans le miroir et scrute attentivement la moindre parcelle de son visage. Puis c'est le désastre : son nez est trop gros et elle se découvre un autre bouton d'acné. Elle se sent moche, ses cheveux ne sont pas blonds et, comble de malheur, elle n'a pas encore réussi à attirer le regard de ce garçon du cours d'anglais.

Alison n'avait jamais connu ce genre de problèmes. Il y a deux ans, elle était la fille de seize ans la plus jolie, la plus intelligente et la plus populaire de son école, sans compter qu'elle figurait parmi les meilleures joueuses de tennis et qu'elle était surveillante de plage. Grande et mince, les yeux bleus et une épaisse crinière blonde, elle ressemblait plus à un mannequin qu'à une élève de seize ans. Toutefois, sa vie changea cet été-là.

Un soir, après une journée de surveillance à la plage, Alison avait hâte de retourner chez elle pour débarrasser ses cheveux du sel de mer et les démêler avec un peigne. Lorsqu'elle renversa la tête pour brosser sa tignasse décolorée par le soleil, sa mère s'écria :

— Ali ! Qu'as-tu fait ?

Elle venait de découvrir une plaque complètement chauve sur le cuir chevelu de sa fille.

— T'es-tu rasée ? Quelqu'un a-t-il profité de ton sommeil pour le faire ?

Rapidement, elles résolurent le mystère : Alison avait dû serrer trop fort l'élastique de sa queue de cheval. L'incident sombra vite dans l'oubli.

Trois mois passèrent et une autre plaque chauve apparut, puis une autre. Rapidement, le cuir chevelu d'Alison fut parsemé de grandes plaques chauves. Après avoir reçu des diagnostics attribuant le problème au stress et avoir essayé plusieurs onguents, Alison commença à recevoir un traitement par injections de cortisone (cinquante injections par plaque pour être plus précis) toutes les deux semaines. Pour camoufler son cuir chevelu qui saignait à cause des injections, on permit à Alison de porter une casquette de base-ball en classe, même si cela représentait une entorse au code vestimentaire très strict de l'école. De petites mèches de cheveux poussaient à travers les plaques du cuir chevelu d'Alison, mais elles tombaient deux semaines plus tard. Alison souffrait d'une perte de cheveux chronique appelée alopécie et il n'existait aucun traitement contre cette maladie.

Grâce à son naturel enjoué et au soutien de ses amies, Alison garda le moral, mais elle eut des moments difficiles. Un jour, sa petite sœur entra dans sa chambre, une serviette enroulée autour de la tête, pour se faire brosser les cheveux. Lorsque sa mère enleva la serviette, Alison aperçut la tignasse ébouriffée qui s'étalait sur les épaules de sa sœur. Saisissant entre deux doigts sa chevelure clairsemée, Alison éclata en sanglots. C'était la première fois qu'elle pleurait depuis le début de cette épreuve.

Le temps passa et Alison remplaça sa casquette par un foulard, qui masquait mieux son crâne dénudé. Comme il ne lui restait plus qu'une poignée de cheveux fins, le moment était venu d'acheter une perruque. Plutôt que d'essayer de retrouver son ancienne chevelure blonde et de faire comme si elle n'avait jamais rien perdu, Alison se choisit une perruque rousse dont les cheveux descendaient à hauteur des épaules. Pourquoi pas ? Beaucoup de gens font couper et teindre leurs cheveux. Grâce à son nouveau *look*, Alison reprit confiance en elle. Même quand sa perruque s'envolait dans un courant d'air lorsqu'elle se trouvait en voiture avec des amis, elle en riait de bon cœur avec eux.

À l'approche de l'été, toutefois, Alison commença à s'inquiéter. Si elle ne pouvait pas porter une perruque dans l'eau, comment allait-elle faire son travail de surveillante de plage ?

— Où est le problème, Alison, tu ne sais plus nager ? lui demanda son père.

L'été venu, elle essaya donc de porter un bonnet de bain, mais elle y renonça au bout de la première journée, car ce n'était pas très confortable. Prenant son courage à deux mains, elle décida de ne plus cacher son crâne chauve. Malgré les regards insistants et quelques commentaires déplacés de baigneurs impolis – « Encore une punk idiote qui se rase le crâne » –, Alison s'habitua à sa nouvelle apparence.

À l'automne, au retour des classes, Alison rangea sa perruque dans le fond d'un tiroir ; elle n'avait plus de cheveux, plus de sourcils, plus de cils. Fidèle à son intention, elle participa aux élections de la présidence de l'école. Elle apporta cependant des modifications mineures à sa campagne électorale : elle présenta une série de diapositives de personnalités célèbres et chauves, de Gandhi à M. Net, qui firent crouler de rire les élèves et les professeurs.

Lors de son premier discours comme présidente élue, Alison aborda de front la question de son apparence et répondit avec aisance aux questions. Montrant du doigt son tee-shirt qui portait l'inscription « Quelle tête ! », elle dit :

— Lorsque vous vous levez le matin et que vous n'aimez pas la tête que vous avez, vous pouvez porter ce tee-shirt.

Puis, enfilant un second tee-shirt par-dessus le premier, elle ajouta :

— Moi, lorsque je me lève le matin, j'enfile celui-ci.

Le tee-shirt portait les mots suivants : « Au diable la tête que j'ai ! » Tous applaudirent et crièrent. Alison, belle, populaire, intelligente, présidente d'école aux yeux bleus, excellente joueuse de tennis et surveillante de plage, leur renvoya alors un sourire.

Alison LAMBERT et Jennifer ROSENFELD

Je veux être comme vous

L'année de mes seize ans, deux événements très importants se produisirent dans ma vie. Premièrement, je tombai amoureuse d'un jeune homme nommé Charlie. Un peu plus âgé que moi, il jouait au football et était formidable ! Je savais que c'était avec lui que je voulais me marier et fonder une famille. Malheureusement, il y avait un petit problème : Charlie ne savait pas que j'existais, ni que nous avions des projets d'avenir ensemble !

Une deuxième chose importante arriva : je pris la décision de ne plus subir d'interventions chirurgicales aux mains. Voyez-vous, je suis née sans jointures et avec six doigts à chaque main. On m'opéra pour la première fois à l'âge de six mois. Très jeune, je fus un phénomène qu'on fit parader devant des auditoires qui comptaient parfois jusqu'à cinq cents chirurgiens des mains. À seize ans, j'avais subi vingt-sept opérations en tout. Les chirurgiens avaient réussi à enlever les doigts de trop, à en raccourcir d'autres et à créer des jointures. Mes mains n'étaient pas encore tout à fait « normales », mais j'en avais assez.

Je me donnai donc le droit de déclarer : « Laissez mon corps tranquille ! » Ma famille appuya ma décision en me disant qu'une fois adulte, je pourrais toujours recourir de nouveau à la chirurgie. Mais je me disais : « Pas question. Je n'en ai plus besoin. Mes mains resteront comme elles sont. » Le sujet était clos.

À l'époque, j'avais un ami d'enfance qui s'appelait Don. Nous allions à l'école ensemble depuis la première année et une véritable amitié nous unissait. Un après-midi, Don vint chez moi et nous commençâmes à discuter du bal des finissants qui approchait et de notre intention de passer la nuit debout ce soir-là. Nous n'avions pas la moindre idée de ce que nous allions *faire* pendant toutes ces heures, mais la seule idée de passer une nuit blanche nous excitait.

Soudain, Don me regarda et dit :

— Il te plaît vraiment ce Charlie, n'est-ce pas ?

— Oui, beaucoup, répondis-je.

Don ajouta :

— Mais tu sais, Carol, il y a un problème ; jamais Charlie ne voudra de toi.

— Et pourquoi donc ? lui demandai-je.

Je songeai alors : « Je sais comment je m'y prendrai. Je me teindrai en blonde. Ça fonctionne toujours. Ou plutôt, je deviendrai meneuse de claque. Tous les gars aiment les meneuses de claque. »

Cependant, Don insista :

— Je crois que tu ne comprends pas. Charlie ne voudra jamais de toi parce que tu es difforme.

C'est ce que j'entendis. C'est ce que je crus. C'est ce que j'intériorisai.

Ces paroles me frappèrent à un point tel que je devins enseignante de première année du primaire parce que je me disais que c'était l'endroit idéal pour une personne difforme.

Au cours de ma première année comme institutrice, j'avais dans ma classe une élève prénommée Felicia. C'était la petite fille la plus ravissante que j'avais jamais vue. Un jour, j'enseignais à mes élèves comment écrire la lettre A. Pour un élève de première année, cela signifie un gros crayon à mine grasse, du papier ligné vert et beaucoup de concentration pour tracer une ligne qui monte puis qui redescend. La classe était silencieuse pendant que les élèves travaillaient avec application.

Jetant un coup d'œil sur Felicia comme je le faisais souvent, je vis qu'elle écrivait en croisant les doigts. Je m'approchai doucement d'elle, me penchai et lui demandai à voix basse :

— Felicia, pourquoi écris-tu avec les doigts croisés ?

Elle leva ses grands yeux magnifiques vers moi et dit :

— Parce que je veux être *pareille comme vous*, Mme Price.

Felicia ne vit jamais en moi une difformité, mais plutôt une particularité qu'elle souhaitait elle aussi avoir. Nous avons tous quelque chose que nous n'aimons pas de nous-même, que nous considérons comme une difformité. Nous avons tous le choix de la voir comme une difformité... ou comme une particularité. Et ce choix conditionne notre façon de vivre.

Carol PRICE

La voiturette rouge

Pour être honnête, je dois dire que le premier mois de notre nouvelle vie en fut un de pur bonheur. Le jour même où mon divorce fut prononcé, je quittai le Missouri avec mes enfants – Jeanne, Julia et Michael, respectivement âgés de six, quatre et trois ans – pour aller m'installer dans ma ville natale située dans le nord de l'Illinois. J'étais alors tout simplement heureuse de trouver un endroit où il n'y aurait ni disputes ni mauvais traitements d'aucune sorte.

Toutefois, une fois ce premier mois passé, mes anciens amis et voisins commencèrent à me manquer. Je m'ennuyais également de la jolie maison moderne de style ranch que nous habitions auparavant dans la banlieue de Saint-Louis, car la seule demeure que mes moyens financiers « d'après-divorce » nous permettaient d'habiter, c'était une vieille maison blanche en bois presque centenaire.

À Saint-Louis, nous jouissions de tout le confort moderne : lave-linge et sèche-linge, lave-vaisselle, téléviseur et voiture. Maintenant, nous n'avions plus rien de tout cela. Après un mois dans notre nouvelle maison, j'avais l'impression d'être passée de la classe moyenne à la pauvreté.

Les chambres à coucher de la vieille maison que nous habitions n'étaient même pas chauffées. Heureusement, les enfants ne semblaient pas s'en rendre compte. En fait, dès qu'ils posaient leurs petits pieds sur le plancher de linoléum glacé, ils se dépêchaient de s'habiller le matin et de se mettre au lit le soir.

Lorsque décembre arriva, je me plaignis du froid qui entrait par chaque fenêtre et chaque porte. Les enfants, eux, se moquaient de ces « drôles de bouches d'air » et se couvraient tout simplement des lourds édredons que tante Bernadine nous avait apportés le jour du déménagement.

L'absence de télévision me rendait folle. « Qu'allons-nous faire de nos soirées sans nos émissions favorites ? » me demandais-je. Je trouvais vraiment triste que les enfants ne puissent voir les émissions spéciales de Noël. Toutefois, mes trois petits bambins se montrèrent plus positifs et plus créatifs que moi : ils sortirent leurs jeux et me demandèrent de jouer avec eux.

Nous nous serrions également les uns contre les autres sur le vieux canapé gris que le propriétaire nous avait offert et nous lisions d'innombrables livres d'images empruntés à la bibliothèque municipale. À la demande insistante des enfants, nous en profitâmes également pour écouter des disques, chanter des chansons, manger du maïs soufflé, créer de magnifiques tours avec des jeux de construction et jouer à cache-cache dans notre maison pleine de recoins. Bref, mes enfants m'enseignèrent à m'amuser sans télévision.

Par une froide journée de décembre, une semaine avant Noël et après avoir parcouru à pied les quatre kilomètres qui séparaient ma maison du magasin de vente par catalogue où je travaillais à temps partiel, je me souvins que la lessive de la semaine devait être faite le soir même. J'étais morte de fatigue d'avoir transporté et trié les cadeaux de Noël des clients, et quelque peu amère à la pensée que je n'aurais pas grand-chose à offrir à mes propres enfants.

Après avoir pris les enfants chez la gardienne, j'empilai dans leur voiturette rouge quatre gros paniers à linge remplis de vêtements sales, puis nous repartîmes tous les quatre vers la laverie située trois pâtés de maisons plus loin.

Une fois sur place, nous dûmes attendre qu'une laveuse automatique soit disponible, puis qu'une table se libère pour plier les vêtements propres. La lessive – triage, lavage, séchage et pliage du linge – prit plus de temps que d'habitude.

Jeanne demanda :

— Maman, as-tu apporté des raisins secs ou des biscuits ?

— Non. Nous mangerons dès que nous serons de retour à la maison, répondis-je sèchement.

Pressant son nez contre la vitre embuée de la fenêtre, Michael s'exclama :

— Maman, regarde ! Il neige ! De gros flocons !

Julia renchérit :

— La rue est toute mouillée. Il y a de la neige dans le ciel, mais pas dans la rue.

Leur enthousiasme ne fit qu'exacerber ma frustration. Comme si le froid ne suffisait pas, il fallait en plus affronter la neige fondue, sans compter que je n'avais pas encore sorti leurs bottes et leurs mitaines des boîtes de déménagement.

Finalement, je plaçai les vêtements propres et bien pliés dans les paniers à linge que j'empilai dans la voiturette rouge. Il faisait noir dehors. Déjà 18 h 30 ? Pas étonnant qu'ils soient affamés, pensai-je. D'habitude, nous mangeons à 17 heures.

Les enfants et moi nous mîmes lentement en route dans cette froide soirée d'hiver, patinant sur les trottoirs couverts de neige fondue. Le cortège que nous formions – trois enfants, une mère à l'humeur maussade et quatre paniers pleins de linge propre dans une voiturette rouge – avançait lentement tandis qu'un vent glacial nous fouettait le visage.

Nous profitâmes d'un passage pour piétons pour traverser un carrefour très fréquenté. Une fois parvenus sur le trottoir de l'autre côté de la rue, la voiturette glissa sur une plaque de glace et se renversa, laissant tomber tout le linge propre dans une flaque de neige boueuse.

— Oh non ! hurlai-je. Jeanne, prends les paniers ! Julia, retiens la voiturette ! Michael, reviens sur le trottoir !

Je lançai les vêtements souillés dans les paniers.

— J'en ai assez ! criai-je.

Mes yeux se remplirent de larmes de colère. Je détestais être pauvre, sans voiture, sans laveuse, sans sécheuse. Je détestais la température. Je détestais être toute seule pour assumer la responsabilité de trois jeunes enfants. Et, surtout, je détestais vraiment la période de Noël.

Une fois de retour à la maison, j'ouvris la porte, je lançai mon sac à main en l'air et courus vers mon lit pour pleurer un bon coup.

Je pleurai assez fort pour que les enfants m'entendent. De façon égoïste, je voulais qu'ils sachent à quel point j'étais malheureuse. Ma vie ne pouvait pas être plus moche. La lessive était à recommencer, nous étions affamés et fourbus, le repas n'était pas prêt et l'avenir s'annonçait sombre.

Lorsque je cessai de pleurer, je m'assis sur mon lit et fixai la plaque en bois qui était suspendue sur le mur au pied de mon lit et qui montrait Jésus. J'avais cette plaque depuis mon enfance et je l'avais accrochée dans tous les endroits que j'avais habités. Sur la plaque, on apercevait Jésus, ses bras ouverts entourant la terre comme s'il était en train de résoudre les problèmes du monde entier.

Je continuai de fixer son visage, espérant un miracle. Je regardai et attendis. Finalement, je dis :

— Mon Dieu, ne peux-tu rien faire pour améliorer mon sort ?

Désespérée, j'aurais aimé voir un ange descendre de son nuage pour venir à mon secours.

Toutefois, personne ne vint... sauf Julia qui jeta un coup d'œil dans l'embrasure de la porte pour me dire, de sa voix aiguë de petite fille de quatre ans, qu'elle avait mis la table pour le souper.

J'entendis aussi ma fille de six ans, Jeanne, qui s'affairait dans le salon à trier à haute voix les vêtements en deux piles :

— Vraiment sales, presque propres, vraiment sales, presque propres...

Quant à mon fils de trois ans, Michael, il fit irruption dans ma chambre pour m'offrir un dessin qu'il venait tout juste de terminer et qui représentait la première neige.

Et vous savez quoi ? En cet instant précis, ce n'est pas un, mais *trois* anges que je vis devant moi ; trois petits chérubins animés d'un optimisme à toute épreuve qui, une fois de plus, m'arrachaient de la tristesse et de la noirceur pour m'amener dans un monde où « tout ira mieux demain, maman ».

Cette année-là, Noël fut magique, car nous nous sentîmes enveloppés d'un amour bien particulier, fondé sur la joie toute simple d'être ensemble. Quelque chose avait changé, cependant : jamais plus mon rôle de chef de famille monoparentale ne fut aussi déprimant et écrasant que le soir où les paniers de linge propre tombèrent de la voiturette rouge. C'est grâce à mes trois anges de Noël que je gardai le moral. Et encore aujourd'hui, vingt ans après, ils continuent d'emplir mon cœur de la présence divine.

Patricia LORENZ

Les empreintes de la vie

Les médecins m'ont dit que jamais plus je ne marcherais. Ma mère a prétendu le contraire. J'ai écouté ma mère.

Wilma RUDOLPH

Mes coéquipières de l'équipe de ski pour handicapés avaient l'habitude de me taquiner à propos de la taille de ma poitrine. Elles me disaient que mon principal handicap n'était pas d'avoir une seule jambe, mais de ne pas avoir de décolleté. Elles ignoraient alors à quel point leur blague deviendrait réalité : quelques années plus tard, je fus frappée pour la seconde fois par le cancer, mais cette fois aux deux seins. On me les enleva tous les deux.

Lorsque j'appris que j'avais besoin de subir une mastectomie, je n'en fis pas grand cas au départ. J'allai même jusqu'à faire la blague suivante à mes amies :

— Il ne me restera qu'à implorer les saints.

Après tout, j'avais perdu une jambe lors de mon premier combat contre le cancer à l'âge de douze ans, et j'étais par la suite devenue championne internationale de ski. D'ailleurs, tous les membres de l'équipe de ski pour handicapés étaient privés d'une quelconque partie de leur corps. Je sais même aujourd'hui qu'un homme en fauteuil roulant peut être assez sexy, ou qu'une femme sans mains peut vivre en ne donnant pas l'impression d'être incomplète. Cette forme d'intégrité n'a rien à voir avec des parties physiques manquantes.

C'est plutôt une question de caractère. Même si je savais déjà tout cela, je fus surprise de constater à quel point il m'était difficile de m'adapter à mes nouvelles cicatrices.

Lorsque je repris conscience après l'intervention chirurgicale, je me mis à sangloter et à faire de l'hyperventilation. Soudain, l'idée qu'on mutile davantage mon corps ou qu'on m'impose une autre chimiothérapie m'était insupportable. Je ne voulais plus être brave et forte, ni afficher un sourire perpétuel. En fait, j'aurais préféré ne pas me réveiller. Ma fréquence respiratoire devint si anarchique que l'anesthésiste me donna de l'oxygène et, heureusement, me replongea dans le sommeil.

Après l'amputation de ma jambe, pendant les entraînements de ski qui me préparaient aux compétitions (lorsque mon cœur, mes poumons et les muscles de mon unique jambe étaient en feu), une idée traversait souvent mon esprit : j'avais l'impression que j'avais atteint la limite de mes capacités, que je ne pouvais plus continuer. Quand cela m'arrivait, je songeais aux compétitions à venir – à mon rêve d'aller au bout de moi-même, à la satisfaction de repousser mes propres limites – et j'y puisais alors l'énergie nécessaire pour poursuivre mon entraînement. C'est cette ténacité qui m'aida à survivre à mon second combat contre le cancer.

Après ma double mastectomie, je savais que l'exercice m'aiderait à me remettre sur pied. Je me rendis donc à la piscine municipale. Dans la douche commune, je me vis en train d'observer les seins des autres femmes pour la première fois de ma vie. Des seins de taille D, des seins de taille A ; des seins affaissés, des seins fermes. Tout à coup et pour la première fois, après toutes ces années à vivre avec une seule jambe, je pris conscience de mon état. Et je fus incapable de me déshabiller.

Je décidai que le temps était venu de me voir telle que j'étais. Ce soir-là, à la maison, après avoir enlevé tous mes vêtements, je regardai longuement l'image que me renvoyait le miroir. La femme que je voyais était androgyne. Tout d'abord, il y avait mon visage : sans maquillage, on aurait dit le joli minois d'un garçon. Quant aux muscles de mes épaules, de mes bras et de mes mains, ils étaient puissants et bien développés à cause des béquilles. Mes seins, eux, avaient disparu et cédé la place à deux grosses cicatrices. J'avais un beau ventre plat, des fesses rebondies et une cuisse bien galbée par des années de compétitions de ski. Enfin, ce qui restait de ma jambe droite se terminait par une longue cicatrice au-dessus du genou.

Eh bien, je découvris ce soir-là que j'aimais ce corps androgyne. Il cadre bien avec ma personnalité : j'ai un côté plus masculin qui aime être revêtu d'un casque, de protège-bras et de protège-tibias pour livrer bataille aux portes de slalom ; j'ai aussi mon côté plus féminin qui veut un jour avoir des enfants et qui aime porter des robes de soie, sortir au restaurant avec un amoureux, s'étendre près de lui et se laisser lentement déshabiller.

Ce jour-là, j'ai pris conscience que les cicatrices que j'ai sur la poitrine et la jambe sont *plus* que des cicatrices. Elles sont les empreintes de la vie. Nous sommes tous marqués par la vie ; seulement, certaines empreintes sont plus apparentes que d'autres. Et elles revêtent beaucoup d'importance, car elles montrent qu'on a vécu, qu'on n'a pas cherché à se dérober. Lorsqu'on les regarde telles qu'elles sont, on découvre, comme je l'ai fait, sa propre beauté.

Lorsque je retournai à la piscine, je me douchai toute nue.

Diana GOLDEN

La liberté

S'il n'est pas facile de trouver le bonheur en soi, il est impossible de le trouver ailleurs.

Agnes REPPLIER

Une nouvelle maison, une piscine dans la cour arrière, deux jolies voitures dans l'allée, mon premier enfant sur le point de naître : après neuf ans de mariage, j'avais tout ce que je pouvais désirer. C'est du moins ce que je croyais.

J'étais à quelques jours d'accoucher de mon premier enfant, donc, quand une conversation avec mon mari ébranla mon univers.

— Je veux être là pour le bébé, mais je crois que je ne t'aime plus, déclara-t-il.

Je ne pouvais en croire mes oreilles ! Certes, j'avais remarqué qu'il était devenu un peu plus distant durant ma grossesse, mais j'attribuais cela à son appréhension et à sa crainte de devenir père.

Je lui demandai des explications. Il me raconta qu'il avait eu une liaison cinq ans auparavant et que ses sentiments à mon endroit avaient changé depuis. Pensant uniquement à mon bébé et voulant à tout prix sauver mon mariage, je lui dis que j'étais prête à lui pardonner et à repartir à zéro.

La semaine qui précéda la naissance de mon fils fut comme une promenade en montagnes russes sur le plan émotionnel. J'avais très hâte d'avoir mon bébé, j'avais peur de perdre mon mari et je me sentais terriblement coupable de penser que c'était à cause de l'enfant que les choses prenaient cette tournure.

T.J. naquit un vendredi du mois de juillet. Il était si beau et si innocent. Il n'avait pas la moindre idée du bouleversement qui chambardait la vie de sa mère. Il était âgé de seulement quatre semaines lorsque je découvris la véritable raison de l'attitude distante de mon mari : non seulement avait-il eu une liaison il y a cinq ans, mais il avait rencontré une autre femme durant ma grossesse et il la fréquentait encore. Je partis donc seule avec un bébé de cinq semaines, laissant derrière moi la nouvelle maison, la piscine et mes rêves brisés. Nous nous installâmes dans un appartement situé dans un autre quartier de la ville.

Je sombrai alors dans une dépression dont je n'aurais jamais pu imaginer la profondeur. Jamais je n'avais connu la sorte de solitude que l'on éprouve à passer des heures et des heures seule avec un nouveau-né. Certains jours, cette responsabilité m'accablait tellement que j'en tremblais de peur. Certes, ma famille et mes amis me donnaient un coup de main, mais il subsistait de si longs moments remplis de rêves brisés et de désespoir.

Je pleurais souvent, mais je m'assurais toujours que T.J. ne se rende compte de rien. J'étais résolue à lui épargner les affres de cette séparation. Quelque part à l'intérieur de moi, je trouvais toujours la force de lui sourire.

Les trois premiers mois de la vie de T.J. furent noyés dans les larmes. Je retournai au travail et j'essayai tant bien que mal de cacher ma situation à tout le monde. Je ne sais pas pourquoi, mais j'avais honte.

Puis, un samedi matin, quand T.J. avait quatre mois, j'atteignis le fond du baril. Je venais d'avoir une autre discussion orageuse avec mon mari qui était reparti de l'appartement en coup de vent. T.J. dormait dans son berceau et moi, j'étais assise sur le plancher de la salle de bains, recroquevillée, me balançant d'avant en arrière. Je m'entendis dire tout haut :

— Je veux mourir.

Mes paroles furent suivies d'un silence insupportable.

Ce jour-là, je crois bien que Dieu était à mes côtés. Après avoir prononcé ces mots de désespoir, je demeurai prostrée pendant un moment, laissant les larmes couler sur mes joues. J'ignore combien de temps je restai ainsi, mais je sentis monter en moi une force que je ne connaissais pas. Je décidai alors sur-le-champ de me prendre en main, de ne plus laisser à mon mari le pouvoir de miner mon existence. Je pris conscience qu'en accordant tant d'attention à ses faiblesses, je permettais à ces faiblesses de ruiner ma vie.

Le même jour, je préparai une valise pour T.J. et moi et nous partîmes passer le week-end chez mon frère. C'était la première fois que je partais seule avec T.J. ; je me sentais si forte et si indépendante ! Je me rappelle que pendant le trajet de deux heures en voiture, je ris, parlai et chantai avec T.J. Durant cette randonnée, je compris que mon fils avait été ma bouée de sauvetage depuis le tout début. Le fait qu'il était chaque jour à mes côtés et qu'il avait besoin de moi m'avait permis de continuer et m'avait donné une raison de vivre. Il avait été une véritable bénédiction !

À partir de ce jour-là, je continuai de miser sur cette assurance et cette force qui m'avaient fait renaître. J'arrivais à peine à croire aux changements que cette nouvelle attitude apportait dans ma vie. Pour la première fois depuis des mois, j'avais de nouveau le goût de rire et de fréquenter des gens. C'est ainsi que j'amorçai un cheminement qui consistait à découvrir l'être que j'avais gardé enfoui au fond de moi pendant si longtemps. Ce cheminement, je le poursuis encore dans la joie aujourd'hui.

Quand j'avais quitté mon mari avec T.J., j'avais entrepris une thérapie. Je la continuai pendant quelques mois encore après ce jour où j'avais atteint le fond du baril. Lorsque je sentis que je n'avais plus besoin des conseils et du soutien de ma thérapeute, je me rappelle la question qu'elle me posa avant que je quitte son bureau :

— Qu'as-tu appris ?

Je répondis sans hésiter :

— J'ai appris que le bonheur, je dois le trouver en moi.

Voilà la leçon que je me rappelle tous les jours et que je désire faire connaître à d'autres. J'ai fait une fois l'erreur d'ancrer mon identité à mon mariage et à tous les biens matériels qui l'entouraient. J'ai appris que je suis la seule responsable de ma vie et de mon bonheur. Si mon existence est centrée sur une autre personne et que ma vie et mon bonheur dépendent d'elle, je ne vis pas véritablement. Pour vivre ma vie pleinement, j'ai besoin de laisser mon âme libre et capable de s'épanouir de par sa seule existence. C'est uniquement dans cet état d'âme que l'amour d'autrui devient une source de joie et non une chose que l'on a peur de perdre.

Puisse *votre* âme se libérer et s'élever !

Laurie WALDRON

Les larmes de joie

Aimez-vous d'abord et tout rentrera dans l'ordre. Il faut vraiment s'aimer soi-même pour accomplir quelque chose en ce monde.

Lucille BALL

Les larmes sont éminemment humaines, mais les larmes de joie le sont bien plus encore. Je pleure chaque jour. Je pleure toutes ces années où j'avais le désir et le besoin de pleurer sans toutefois en être capable. Je pleure la solitude et la souffrance que j'ai éprouvées. Je pleure le simple bonheur de vivre. Je pleure la joie que je ressens d'être capable de mouvoir mon corps, de danser, de m'étirer, de transpirer. Je pleure de gratitude pour la vie que je mène présentement.

Petite fille, j'étais mignonne. J'aimais rire et m'amuser avec mes amies. Puis, à l'âge de huit ans, j'ai vécu le traumatisme dévastateur de l'inceste. Pour être capable de survivre à ce cauchemar physique, mental et émotionnel, je pris inconsciemment deux décisions : premièrement, je voulais être aussi laide que possible ; deuxièmement, je ne voulais plus rien penser ni ressentir. Je savais que si je me permettais de ressentir la moindre émotion, je ne pourrais pas passer au travers.

Je me mis donc à manger. Quand j'avais peur, je mangeais ; quand j'avais mal, je mangeais. À l'âge de douze ans, je pesais quatre-vingt-dix kilos. Je passais la plus grande partie de mon temps seule à faire des travaux manuels ou à regarder la télévision. Même en présence de mes frères et sœurs, je me sentais seule.

Jamais on ne m'invita à danser, à aller au cinéma ou à sortir. Socialement, j'étais invisible.

À vingt-cinq ans, je pesais cent quatre-vingt-dix kilos. Mon médecin me donnait six mois à vivre. Mon corps ne pouvait pas supporter une telle masse graisseuse. Pendant deux ans, je ne sortis pas une seule fois de la maison : j'étais littéralement incapable de me déplacer. Il était *impératif* que je maigrisse si je voulais vivre. Finalement, je décidai de suivre toutes les recommandations que mon médecin me donna pour perdre du poids.

Après avoir perdu quarante-cinq kilos, je me sentis si légère que je voulais danser. Toutefois, je repris rapidement le poids perdu et je me rendis compte que je devais sonder les profondeurs de mon être, me rendre à la racine du mal : la souffrance refoulée. J'entrepris donc une thérapie fondée sur les Douze Étapes et j'acceptai l'amour et le soutien de mon entourage. J'avais alors trente-cinq ans et, pour la première fois de ma vie depuis l'âge de huit ans, je pleurai. Pour moi, la seule façon de perdre du poids fut d'accepter de ressentir ma souffrance.

Une fois ce virage pris, il ne tenait qu'à moi de continuer mon cheminement et de vivre un jour à la fois. Ce cheminement consistait à mieux me connaître et à m'accepter. Je poursuivis donc ma thérapie. En étudiant la nutrition, je découvris que l'ingestion de matières grasses était pour moi un calmant. J'observai mon comportement et notai ce qui déclenchait mon besoin de manger. Si je me retrouvais plongée jusqu'au cou dans la crème glacée, je m'arrêtais et je me demandais ce qui avait provoqué ce comportement. Dans les moments de rechute, ce fut l'acceptation de ma personne avec toutes ses forces *et* ses faiblesses qui m'aida à me relever et à me reprendre en main. Mon objectif était de m'améliorer, et non de devenir parfaite.

Aujourd'hui, la vue d'un enfant obèse me brise le cœur. Il ne viendrait à l'idée de personne de se moquer d'un enfant sans bras ou sans jambes, ou encore en fauteuil roulant. Pourtant, les gens n'hésitent pas à ridiculiser et à rejeter l'enfant obèse, l'enfant atteint d'un trouble alimentaire. Les gens ne comprennent pas que le poids porté par cet enfant est le poids de sa propre souffrance.

La guérison de mes blessures n'était pas uniquement une question de perte de poids. Je devais aussi apprendre à vivre ma vie d'adulte. Je n'avais jamais appris comment nouer et entretenir des contacts humains. (Une fois, au travail, un homme m'adressa la parole devant le distributeur de boissons et je me mis à glousser comme une adolescente de quatorze ans.) Je commençai donc mon apprentissage des relations humaines et de la maturité.

Aujourd'hui, à quarante-six ans, je suis une adulte. J'aime la personne que je suis devenue. Mon poids se situe maintenant dans la moyenne, je fais de l'exercice régulièrement et je poursuis une carrière que j'adore comme conférencière de motivation. Je reconnais les bonnes choses que j'ai pu retirer de mon enfance marquée par la douleur et la solitude : mon amour de la musique classique, mon talent pour la couture et les vitraux – ma capacité de créer la beauté avec mes propres mains. Même mon habileté à parler de manière aisée et avenante remonte à toutes ces heures que j'ai passées devant la télévision à regarder des artistes brillants comme Lucille Ball et Milton Berle.

Je suis reconnaissante pour toutes les bonnes choses que je reçois aujourd'hui dans ma vie, et j'accepte les événements de mon existence comme autant d'occasions de grandir et renforcer mon esprit et ma foi. Aujourd'hui, je pleure de gratitude pour la vie que je mène.

Joan FOUNTAIN et Carol KLINE

4
Le mariage

Plus jamais vous ne sentirez l'orage,
Car vous vous protégerez l'un l'autre.
Plus jamais vous ne sentirez le froid,
Car vous vous réchaufferez l'un l'autre.
Plus jamais vous ne sentirez la solitude,
Car vous vous tiendrez compagnie l'un l'autre.
Vous êtes deux personnes,
Mais vous cheminez sur une même route.
Allez maintenant dans votre demeure,
Pour entreprendre votre vie commune.
Puissent vos jours être longs et heureux
sur cette terre.

Bénédiction amérindienne

Retour à la maison

Pour un homme, rien n'est plus précieux que le cœur d'une femme.

Josiah G. HOLLAND

C'était un de ces jours comme on en vit rarement. Vous voyez ce que je veux dire ? À mon réveil, ce matin-là, je me sentais en paix avec le monde. Le soleil resplendissait. L'air vif embaumait le parfum de la verdure. C'était une journée magnifique et tout allait pour le mieux dans le meilleur des mondes.

J'étais en congé et j'avais réellement hâte de faire le ménage et la lessive. Infirmière en réadaptation dans un centre de soins de longue durée où il y a beaucoup à faire, j'apprécie la distraction que peuvent m'apporter les tâches domestiques. Comme tout le monde, ces tâches m'ennuient parfois, mais il y a des moments où elles me changent agréablement les idées.

Le téléphone sonna aux environs de huit heures du matin. Lorsque j'entendis la voix de ma mère à l'autre bout du fil, elle me sembla tendue ; d'instinct, je compris que quelque chose n'allait pas. En fait, elle était au bord des larmes.

Elle me raconta que mon grand-père, c'est-à-dire son père à elle, était très en colère : la maison de retraite où il avait été admis deux semaines plus tôt ne l'avait pas encore installé dans la même chambre que ma grand-mère. L'accord avait pourtant été clair : mon grand-père voulait être dans la même chambre que sa femme.

Nous le lui avions promis et il comptait bien faire respecter cet engagement.

Sept ans et demi plus tôt, grand-maman avait été admise dans une maison de retraite parce qu'elle était atteinte de la maladie d'Alzheimer et que mon grand-père n'était plus capable de prendre soin d'elle. Elle avait quatre-vingt-dix ans au moment de son admission et mon grand-père en avait quatre-vingt-onze. Pendant les sept années et demie qui suivirent, il avait chaque jour parcouru quatre kilomètres aller-retour pour passer ses journées avec sa femme. Il la faisait manger, lui brossait les cheveux, la cajolait, lui parlait doucement et lui disait combien il l'aimait. Même si ma grand-mère était incapable de parler ou d'exprimer ses sentiments, grand-papa continua de s'occuper d'elle.

Chaque fois que j'allais à la maison de retraite, il me racontait l'histoire de leur première rencontre – un moment qu'il n'oublierait jamais, disait-il. Il me racontait comment il l'avait aperçue pour la première fois dans la foule d'une fête foraine et comment il avait été frappé par « le magnifique ruban rouge qu'elle portait dans ses beaux cheveux bruns ». Il sortait alors son portefeuille et me montrait une photo d'elle prise ce jour-là. Il gardait toujours cette photo avec lui. Je me rappelle même qu'il me la montrait lorsque j'étais enfant.

Graduellement, grand-papa devint incapable de vivre seul et de prendre soin de sa personne. Parfois, il oubliait même de manger. Nous savions qu'il allait bientôt avoir besoin, lui aussi, de se faire prendre en charge.

Il lui fut difficile d'accepter ce fait. Mon grand-père avait toujours été farouchement indépendant. Jusqu'à l'âge de quatre-vingt-treize ans, il conduisit sa propre voiture et jusqu'à quatre-vingt-seize ans, il joua quotidiennement au golf lorsque la température le permettait. Jusqu'à quatre-vingt-dix-sept ans, il paya lui-même ses factures, s'occupa des tâches domestiques, fit sa propre lessive et prépara ses repas. Toutefois, à presque quatre-vingt-dix-huit ans, il n'était plus en mesure de prendre soin de lui-même.

Grâce à beaucoup de cajoleries, d'amour et de soutien, grand-papa accepta finalement d'aller dans la maison de retraite où habitait ma grand-mère, mais à une seule condition : ou il partageait une chambre avec elle, ou il n'y allait pas. Il était inflexible sur ce point et notre famille accepta. Il voulait, disait-il, « être avec sa bien-aimée ».

La directrice des soins infirmiers accepta cette exigence et grand-papa fut admis à la maison de retraite. Toutefois, au moment de son admission, elle déclara qu'il y aurait un délai d'un jour ou deux avant que grand-papa puisse aménager dans la chambre de grand-maman, le temps d'installer ailleurs la compagne de chambre de grand-maman. Nous rassurâmes grand-papa en lui disant que tout se passerait bien. Puis nous partîmes, convaincus qu'on allait faire le nécessaire.

Cependant, après plusieurs jours qui se transformèrent en semaines, grand-papa n'était toujours pas installé dans la chambre de grand-maman. Il devenait de plus en plus confus et léthargique. Il ne comprenait pas pourquoi il ne pouvait pas être avec sa femme. Pis encore, comme il ne se trouvait pas sur le même étage que sa femme, il était incapable de la « trouver ».

En dépit des efforts que ma mère déploya pour savoir pourquoi il n'était toujours pas déménagé et pourquoi le délai persistait, ses questions tombaient dans l'oreille de sourds. Finalement, la directrice des soins infirmiers expliqua à ma mère que selon le personnel de la maison de retraite, ce ne serait peut-être pas bon pour mon grand-père de partager la même chambre que grand-maman. À cause de sa santé fragile, disaient-ils, il risquerait de se blesser en essayant de s'occuper de sa femme. Après tout, insistèrent-ils, ils l'avaient vu se mouvoir pendant toutes ces années où il avait pris soin d'elle et ils estimaient qu'il pouvait se blesser en la déplaçant ou en la soulevant. Ils le connaissaient bien. Ils avaient remarqué son indépendance, son désir de bien faire les choses.

Au début, ma mère accepta leur décision, mais elle devint ensuite de plus en plus inquiète. Séparé de sa femme, mon grand-père dépérissait. Tout ce qu'il désirait, c'était d'être auprès de celle qui était sa bien-aimée depuis soixante-huit ans. Il en parlait sans cesse, toujours avec tristesse, et même ses magnifiques yeux bleus perdaient de leur éclat.

Ce matin-là où le téléphone sonna, je n'avais pas revu grand-papa depuis son admission. Tandis que ma mère, refoulant ses larmes, m'expliquait la situation, une profonde tristesse m'envahit. Ce grand-père adoré, ce héros de mon enfance que j'avais appris à connaître et à respecter en grandissant, passait ses derniers jours esseulé et démoralisé. On était en train de briser cet homme qui représentait pour moi le lien avec l'éternité. On lui refusait le droit de faire des choix et de mener sa vie comme il l'entendait. Je sentis la colère monter en moi devant cette terrible injustice.

Après avoir parlé à ma mère, je décidai de prendre les choses en main. J'appelai la directrice des soins infirmiers et lui demandai des éclaircissements. Elle me répéta ce qu'elle avait dit à ma mère. Calmement, je lui expliquai qu'à mon avis, grand-papa devait être transféré dans la même chambre que grand-maman, tel que convenu. Mais elle continua d'insister sur le fait que grand-papa risquait de trop en faire et de se blesser en prenant soin de sa femme. De mon côté, j'affirmai qu'il était important de tenir cette promesse et que mes grands-parents en bénéficieraient tous les deux. Après tout, ils avaient partagé la même chambre pendant presque soixante-dix ans ! Je lui dis qu'aucune raison ne pouvait les empêcher d'être ensemble au terme d'une si longue vie de couple. Ils s'aimaient tendrement et, selon l'accord, ils devaient être réunis.

Après avoir longuement discuté et exprimé nos différences d'opinion, je ne pus me retenir plus longtemps. Je haussai le ton et lui demandai :

— Pourquoi vous entêtez-vous ? Si mon grand-père de quatre-vingt-dix-huit ans avait un taux de cholestérol trop élevé, mais qu'il voulait à tout prix manger du fromage, eh bien ! vous savez quoi ? Je le laisserais faire. En fait, j'irais moi-même lui en chercher à l'épicerie. Et s'il ne pouvait pas le manger seul, je l'aiderais. C'est important pour lui de partager la même chambre que ma grand-mère. Important pour son équilibre émotionnel. Important pour son moral. Important pour l'éclat de ses yeux !

Il y eut un long silence à l'autre bout du fil. Puis mon interlocutrice me dit qu'elle comprenait ce que je voulais dire et qu'elle remédierait à la situation.

Il était aux environs de neuf heures du matin lorsque cette conversation avec la directrice des soins infirmiers prit fin. Je lui avais donné jusqu'à quatorze heures pour installer mes grands-parents dans la même chambre, et j'avais ajouté que si rien n'était fait, je veillerais personnellement à leur trouver une autre maison de retraite où ils pourraient être ensemble.

J'appelai ensuite ma mère et lui dis :

— Laisse tout tomber et prends ton manteau. Nous allons rendre visite à grand-maman et grand-papa.

Je sautai dans ma voiture. En chemin, je m'arrêtai devant un magasin pour acheter un téléviseur couleur pour mon grand-père. Maman m'attendait à la porte de chez elle, souriante. Ensuite, nous nous dirigeâmes vers la maison de retraite, merveilleusement convaincues que nous maîtrisions la situation.

À notre arrivée, grand-maman dormait profondément ; grand-papa était près d'elle et lui caressait les cheveux. Il souriait et ses beaux yeux bleus avaient retrouvé leur éclat si familier. Il se donna du mal pour placer les couvertures de grand-maman et lisser les draps. Il me répéta une fois de plus à quel point il l'aimait, elle, sa « bien-aimée ». Il me raconta de nouveau l'histoire de la fête foraine et du ruban rouge dans ses cheveux bruns. Il me montra la photo qu'il gardait dans son portefeuille. Grand-papa était enfin de retour chez lui.

Jean BOLE

Paris au printemps

C'était un jour de printemps. J'étais dans mon jardin en train de m'occuper de mes rosiers lorsque Dan s'agenouilla pour me demander en mariage. Je lui répondis de me le demander de nouveau dans trois mois ; après tout, nous avions eu nos hauts et nos bas et je n'étais pas certaine que nous étions prêts l'un et l'autre à s'engager de la sorte.

Trois mois passèrent et il ne répéta pas sa demande. Prudemment, nous continuâmes de nous fréquenter comme avant et d'apprendre l'art subtil de la vie à deux en s'engageant un jour à la fois.

Pendant l'hiver, nous nous mîmes à préparer un voyage à Paris pour le printemps suivant. Je ne sais trop pourquoi, je désirais ardemment visiter cette ville et j'avais toujours voulu le faire en compagnie de Dan. Ce désir était maintenant exaucé.

Paris fut formidable ! Étant donné que j'avais appris à parler couramment le français vingt ans auparavant, je devins rapidement l'interprète de Dan qui connaissait à peine deux ou trois mots dans cette langue. Même si mon français était plutôt rouillé, il trouvait que je le parlais très bien. Il ne se lassait pas de m'entendre m'excuser auprès des serveurs de massacrer leur belle langue, ou d'essayer de commander des mets que nous connaissions.

Où que nous allions, un parfum de romantisme flottait dans l'air et Dan me demandait sans cesse l'équivalent français des expressions « embrasse-moi », « donne-moi la main » et « je t'aime ». Nous eûmes la chance de faire une balade en bateau sur la Seine, de marcher le long de boulevards bordés d'arbres, de flâner aux terrasses des cafés. Nous tombâmes de nouveau profondément amoureux l'un de l'autre.

Un soir, attablés dans un petit restaurant pittoresque, Dan se pencha vers moi et me demanda :

— Comment dit-on « Veux-tu m'épouser ? » en français ?

Je répondis que, sans en être certaine, on disait probablement : *Veux-tu me marier*[1] *?*

— *Veux-tu me marier ?*[1] répéta-t-il.

— Chéri, c'est formidable ! m'exclamai-je. Ta prononciation s'améliore beaucoup !

— Non, insista-t-il. *Veux-tu me marier*[1] *?*

Puis il fit glisser vers moi un petit écrin de velours.

J'ouvris l'écrin et j'y découvris deux magnifiques alliances – une bague de fiançailles et un anneau de mariage – et je compris finalement ce qui se passait. Pendant que les larmes coulaient sur mes joues, des serveurs se pressèrent autour de notre table pour nous traiter avec la plus grande attention et nous dire à quel point ils trouvaient cela merveilleux. Ils étaient encore en train de prendre des photos de nous lorsque je levai les yeux vers Dan pour dire :

— *Oui, chéri !*[1] »

Jennifer READ HAWTHORNE

---

1. En français dans le texte. (N.d.T.)

Une poignée d'émeraudes

La vie n'est pas faite de grands événements, mais de petits moments.

Rose Kennedy

Lorsque nous nous sommes mariés, Jeff et moi, un samedi venteux il y a seize ans, jamais nous n'avions songé que ce moment nous apparaîtrait un jour comme un souvenir lointain. Depuis notre mariage, nous avons vécu dans huit villes différentes et élevé trois enfants. Je viens même tout juste de recycler en chiffons le dernier des draps que nous avions reçus en cadeaux de mariage. Malheureusement, la plupart des meubles de couleur terne que nous avions achetés pour notre premier appartement ont résisté aux années. Quant à ma robe de mariée, elle est remisée dans le fond d'un placard et je peux encore monter la fermeture éclair... si je ne l'ai pas sur le dos. Nous avons également eu quatre voitures (dont pas une seule achetée neuve, hélas !), ainsi que des hauts et des bas assez nombreux pour nous empêcher d'en tenir le compte.

Il y a cependant un jour qui reste gravé dans ma mémoire. Nous vivions alors dans l'est du pays et mes parents étaient en visite chez nous. Comme nous étions de nouveaux parents épuisés et fauchés, mon père et ma mère eurent la gentillesse de nous offrir une semaine de vacances dans une maison de bord de mer dont ils avaient eux-mêmes payé la location. Pendant notre séjour, je me rendis compte que ce présent avait blessé l'ego de mon mari, Jack, alors que de mon côté, j'étais d'humeur massacrante. Pour couronner le tout, nous eûmes une dispute franchement stupide lors d'une partie de Monopoly. Après notre dispute, Jack sortit de la maison, l'air hautain, et traversa la rue en direction de la mer. Quelques heures plus tard, tandis que je l'attendais sur le bord de la plage, il sortit de l'océan Atlantique avec son matelas pneumatique et un vilain coup de soleil.

— Où est ton alliance ? lui demandai-je.

Il regarda, affligé, sa main gauche. La peau de son doigt avait rétréci dans l'eau froide pendant qu'il pagayait avec les mains sur son matelas. La bague avait glissé de son doigt et gisait maintenant en compagnie des anémones de mer. J'éclatai en sanglots.

— Prends ta bague et jette-la toi aussi dans la mer, me dit-il d'un ton suppliant.

— Pourquoi donc jetterais-je à l'eau une bague en or alors que nous n'avons pas assez d'argent pour payer l'essence du voyage de retour ? dis-je en gémissant.

— Parce que nos deux bagues seront ensemble, dans l'océan.

Le sens pratique l'emporta sur le romantisme et je porte encore ma bague aujourd'hui. Toutefois, ce souvenir me revint chaque fois que nous vivions des moments difficiles qui n'avaient rien de romantique. Tous les ans, à notre anniversaire de mariage, je me rappelle ce jour sur la plage. Je songe aussi à ce que le regretté Charlie MacArthur avait dit à Helen Hayes lorsqu'il l'avait rencontrée à une fête. Il lui avait donné une poignée de cacahouètes et avait dit :

— J'aimerais tant que ce soient des émeraudes.

Après de nombreuses années d'un mariage heureux, alors que MacArthur arrivait au terme de sa vie, il donna à sa femme une poignée d'émeraudes et lui dit :
— J'aimerais tant que ce soient des cacahouètes.
Moi aussi.

Rebecca CHRISTIAN

Perdu et retrouvé

C'est pendant l'été 1928 que Winona, dix-neuf ans, rencontra un beau et grand jeune homme du nom d'Edward. Edward se trouvait à Detroit pour visiter sa sœur qui était fiancée au frère de Winona. Il logeait chez des amis, et même s'il y resta quelques jours seulement, il eut le temps de faire connaissance avec cette jeune brunette pleine de vie qui l'avait intrigué dès leur première rencontre. Lui et Winona promirent de s'écrire, puis Edward retourna à Pittsburgh.

Pendant plusieurs mois, ils échangèrent de longues lettres détaillées qui parlaient de leur vie et de leurs rêves. Puis, du jour au lendemain, Edward sortit de la vie de Winona aussi rapidement qu'il y était entré. Il cessa d'écrire et Winona comprit qu'il n'était tout simplement plus intéressé. De son côté, Edward se demanda bien pourquoi Winona ne lui écrivait plus. Lui aussi se résigna au fait que la femme dont il était amoureux n'éprouvait pas le même sentiment à son endroit.

Quelques années plus tard, Winona épousa Robert, un homme élégant de dix ans son aîné. Ils eurent trois fils. Winona avait des nouvelles d'Edward par l'entremise de sa belle-sœur. Quelques années après le mariage de Winona, Edward se maria et eut trois enfants lui aussi.

Un jour où Winona rendit visite à son frère à Buffalo, celui-ci lui annonça :

— Nous allons à Pittsburgh pour assister au mariage de la fille d'Ed. Tu nous accompagnes ?

Winona accepta sans hésiter et ils partirent.

Pendant le trajet en voiture, Winona, nerveuse, se demandait ce qu'elle allait bien pouvoir dire à cet homme qu'elle n'avait pas vu depuis trente ans. Se rappellerait-il les lettres ? Aurait-il le temps de bavarder avec elle ? En aurait-il le désir ?

Peu après leur arrivée à la réception, Ed remarqua Winona de l'autre côté de la salle. Il avança lentement vers elle. Le cœur de Winona battait la chamade lorsqu'ils se saluèrent en se serrant la main. Quand ils s'assirent à une des longues tables pour parler, Winona sentait son cœur battre si fort qu'elle eut peur qu'Ed ne s'en aperçût. Quant à Edward, il avait les larmes aux yeux pendant qu'ils discutaient poliment du mariage et de leurs familles respectives. Ni l'un ni l'autre ne fit mention des lettres. Après une conversation de quelques minutes, Ed retourna remplir son devoir de père de la mariée.

Winona retourna à Detroit où elle continua de donner des leçons de piano, de travailler dans une agence de publicité et de profiter au maximum de ce que la vie lui offrait, comme à son habitude. Elle rangea sa brève rencontre avec Ed parmi les autres souvenirs qu'elle conservait de lui.

Dix ans plus tard, lorsque la femme d'Edward mourut, Winona envoya à Edward une carte de condoléances. Deux autres années passèrent et le mari de Winona mourut. Ed lui écrivit une lettre. Puis ils recommencèrent à correspondre.

Ed écrivait souvent, et ses lettres illuminaient les journées de Winona. En se rendant au travail en voiture, elle allait chercher ses lettres au bureau de poste et les lisait aux feux rouges. Après son trajet d'une demi-heure, elle avait fini de lire les lettres et pouvait commencer sa journée du bon pied. Petit à petit, Edward révéla son amour pour sa « tendre Winona » et ils se mirent d'accord pour qu'il vienne à Detroit pendant ses vacances.

Winona se sentait à la fois excitée et nerveuse à l'idée de sa visite. Après tout, à l'exception de leur brève rencontre lors du mariage, ils ne s'étaient pas fréquentés depuis quarante ans. Ils correspondaient depuis seulement six mois et Edward s'apprêtait à venir passer deux semaines dans sa ville.

C'est par une journée chaude et agréable de juin que Winona se rendit à l'aéroport pour accueillir Edward. Cette fois, dès qu'il l'aperçut, il se précipita vers elle et l'étreignit longuement et tendrement. Ils bavardèrent joyeusement et librement en allant ramasser les bagages et en se rendant à la voiture. C'était de bon augure.

Une fois dans la voiture en direction de l'hôtel où Edward allait loger, il sortit de sa poche un petit écrin de velours et enfila au doigt de Winona une bague de fiançailles. Elle eut le souffle coupé. Il avait fait allusion à un mariage dans ses lettres, mais tout était si soudain, si précipité. Cependant, l'était-ce vraiment ? N'avait-elle pas attendu toute sa vie pour connaître cet amour ?

Pendant deux semaines, Ed courtisa Winona, lui écrivant même des lettres depuis son hôtel. Peu à peu, devant l'amour que lui manifestait Edward et devant la réaction chaleureuse de son entourage, Winona accepta de l'épouser. Le 18 septembre 1971, vêtue d'une longue robe rose, Winona descendit l'allée menant vers l'autel au bras de son fils aîné. Ed et Winona convolèrent en justes noces et, selon Winona elle-même, ils allaient « vivre heureux jusqu'à la fin des temps ».

Et qu'en est-il de cette correspondance qui cessa si abruptement quarante ans plus tôt ? Il s'avéra que la mère d'Edward avait détruit les lettres de Winona parce qu'elle ne voulait pas perdre son benjamin. Quarante-trois années plus tard, Winona l'avait retrouvé.

Elinor DAILY HALL

La carte de Saint-Valentin

J'étais le seul membre de la famille qui habitait suffisamment proche ; ce fut donc moi qui reçus le premier coup de fil de la maison de retraite. Grand-papa était sur le point de mourir. Il fallait que je vienne sans tarder. Il n'y eut rien d'autre à faire que de lui tenir la main.

— Je t'aime, grand-papa. Merci de toujours avoir été là pour moi.

Puis, en silence, je le laissai partir en paix.

Souvenirs, souvenirs… Six jours par semaine, le fermier enfilait sa vieille chemise bleue et sa salopette pour aller prendre soin de ses vaches herefords qu'il aimait tant. Pendant les chaudes journées d'été, il transportait des bottes de foin, labourait le sol et plantait du maïs et des fèves en prévision des récoltes d'automne. Il travaillait de l'aube au crépuscule. Pour survivre, il devait travailler, travailler, travailler.

Toutefois, le dimanche, une fois ses tâches matinales accomplies, il mettait son complet gris et son chapeau. Grand-maman, elle, enfilait sa robe bourgogne et ses fausses perles, et ils se rendaient à l'église. À peu de choses près, leur vie sociale se résumait à la messe dominicale. Mes grands-parents étaient des gens tranquilles et pacifiques qui n'exprimaient guère leurs émotions et qui faisaient chaque jour ce qu'ils avaient à faire. Il était mon grand-père. Je le connaissais depuis trente-cinq ans et j'avais du mal à l'imaginer autrement que tel qu'il était.

L'infirmière me demanda en s'excusant de bien vouloir prendre avec moi les affaires de grand-papa. Le tout ne prit que quelques minutes, car grand-papa ne possédait pas grand-chose. En ramassant ses affaires, je *la* trouvai dans le premier tiroir de sa table de chevet : une carte de Saint-Valentin faite à la main il y a très longtemps. Probablement de couleur rouge à l'origine, le papier de la carte était maintenant rose pâle. Au milieu de la carte en forme de cœur, il y avait un carré de papier blanc où figuraient ces mots, écrits de la main de grand-maman :

À LEE,
DE HARRIET
Avec tout mon amour
14 février 1895

Es-tu réel ? Es-tu vraiment en chair et en os ? Ou es-tu plutôt le plus magnifique de mes rêves ? Es-tu un ange, ou le fruit de mon imagination ? Es-tu un être que j'ai créé pour combler un vide ? Pour soulager la douleur ? Comment as-tu trouvé le temps d'écouter ? Comment as-tu pu comprendre ?

Tu m'as fait rire lorsque mon cœur était triste. Tu m'as fait danser lorsque je pouvais à peine faire un pas. Tu m'as aidée à me relever lorsque j'étais découragée. Tu m'as montré la rosée et j'ai vu des diamants. Tu m'as offert des fleurs sauvages et j'ai vu des orchidées. Tu m'as chanté des chansons et j'ai entendu un chœur d'anges. Tu m'as pris la main et toutes les fibres de mon corps t'ont aimé. Tu m'as donné un anneau et je me suis donnée à toi. Je t'appartiens et tu es tout pour moi.

En lisant ces mots, des larmes coulèrent sur mes joues. Je me remémorai mon grand-père et ma grand-mère tels que je les avais toujours connus. Il est difficile de les imaginer dans un autre rôle que celui de grands-parents. Ce que je lus ce jour-là était une déclaration magnifique et sacrée que grand-papa avait conservée pendant toutes ces années. J'ai fait encadrer la carte et l'ai mise sur ma commode. Elle fait partie des trésors de mon héritage.

Elaine REESE

Pour toute la vie

Mes parents étaient sur le point de célébrer leur cinquantième anniversaire de mariage. Ma mère me téléphona, tout excitée :

— Il vient de m'offrir une douzaine de roses blanches !

On aurait dit une adolescente qu'on venait tout juste d'inviter à un bal. Elle me dit à quel point elle se sentait bien, heureuse et chanceuse.

Cet anniversaire me révéla un aspect de la vie de mes parents que j'ignorais. Par exemple, leurs alliances portent l'inscription suivante : « Je t'offre ce bouton de rose ivoire ». C'est mon père qui me le raconta un jour dans la cuisine. Ma mère s'exclama : « John ! » comme s'il me dévoilait un secret. Mon père lui répondit : « Claire ! »

Mes parents avaient toujours fait preuve d'une grande discrétion à l'endroit de leur relation amoureuse. Ils n'étalaient pas leurs sentiments devant leurs enfants ; ils projetaient plutôt l'image de deux compagnons qui formaient une équipe.

Ce jour-là dans la cuisine, tout en examinant de plus près son alliance, je demandai à mon père :

— Te rappelles-tu le poème dont est tiré ce vers ?

Il me regarda, inspira profondément et commença à réciter « Une rose blanche » de John Boyle O'Reilly, un poète américain d'origine irlandaise. Jamais il ne chercha ses mots, comme s'il avait récité ce poème dans sa tête tous les jours au cours des cinquante dernières années.

— *La rose rouge est un murmure de passion, / La rose blanche, elle, est un souffle d'amour*, commença-t-il.

Ma mère s'exclama encore :
— John, allons !
— *La rose rouge est un poète ardent, / La rose blanche est un troubadour.*
— John ! répéta ma mère.
Puis elle quitta la pièce.
— *Je t'offre ce bouton de rose ivoire / dont la corolle va tantôt reluire*, poursuivit-il, debout à côté de l'évier. *Car l'amour le plus pur et le plus doux / Porte en lui le soupçon du désir.*
Mon père s'arrêta.
— Magnifique, n'est-ce pas ? me dit-il en souriant.
Nous allâmes retrouver ma mère dans le boudoir. Elle avait la tête enfouie entre les mains.
— C'est vraiment beau, lui dis-je.
— C'est plutôt embarrassant, répliqua-t-elle.
Dans sa jeunesse, ma mère n'avait jamais connu de couples heureux et s'était dit qu'il ne valait pas la peine de vouloir se marier. Aussi avait-elle caressé le projet d'étudier les poètes anglais et de devenir spécialiste de Chaucer. À l'université, elle avait trouvé tout juste amusant de sortir avec des garçons. C'est alors qu'elle rencontra mon père.
Jamais elle n'avait rencontré un homme plus honnête. Ce fut l'homme, et non pas l'institution du mariage, qui l'attira. Lorsqu'elle arriva devant l'autel, nous raconta-t-elle plus tard, elle avait l'impression qu'elle s'apprêtait à sauter d'une falaise.
La première année de leur mariage, mon père partit pour la guerre. Enceinte de cinq mois, ma mère était littéralement terrifiée. Elle eut son bébé et attendit. Pour se réconforter, elle mangeait des sundaes au chocolat garnis de noix.
Mon père revint de la guerre et fit connaissance avec son fils de sept mois qu'il n'avait jamais vu. Peu de temps

après, mes parents achetèrent une maison. Ils eurent ensuite une fille, puis une autre fille, et enfin j'arrivai.

Même enfant, je sentais que mes parents n'étaient pas comme les autres. Mon père préférait rester avec ma mère plutôt que d'aller jouer au bowling avec les copains. Et quand il n'était pas là, ma mère ne déblatérait pas sur son compte comme les autres épouses. Elle disait plutôt :

— Vous savez, jamais il ne m'a déçue.

Pour célébrer leur cinquantième anniversaire de mariage, mes parents renouvelèrent leurs vœux de mariage à l'église en présence de soixante-quinze amis. Lorsque mon père répéta ses vœux, sa voix s'étrangla d'émotion et il dut faire une pause. De son côté, ma mère redit ses vœux avec une passion que je ne lui connaissais pas. Les yeux fixés sur mon père, elle proclama :

— ... et jusqu'à ce que la mort nous sépare.

Après la cérémonie, nous nous rassemblâmes pour fêter l'événement. Durant la fête, mon père embrassa ma mère et lui dit :

— Bienvenue dans l'éternité.

Ma mère parla très peu, sauf lorsqu'elle déclara :

— C'est le plus beau jour de ma vie.

Puis elle ajouta :

— Un jour encore plus beau que celui de mon mariage, car je sais maintenant le bonheur qui m'attend.

Jeanne Marie LASKAS

Personne ne peut mesurer, pas même les poètes,
tout ce que peut contenir le cœur.

Zelda FITZGERALD

5
La maternité

*Décider d'avoir un enfant,
c'est accepter que son cœur batte
dans un corps autre que le sien.*

Elizabeth STONE

Tu ne regretteras rien

Le temps presse pour mon amie. Nous sommes attablées au restaurant et elle mentionne avec légèreté que son mari et elle songent à « fonder une famille ». En fait, ce qu'elle veut me dire, c'est que son horloge biologique a commencé son compte à rebours et l'oblige à considérer la maternité.

— Mon mari et moi faisons un sondage auprès de nos amis, lance-t-elle, mi-sérieuse. Penses-tu que je devrais avoir un enfant ?

— La maternité transformera ta vie, dis-je prudemment en essayant de garder un ton neutre.

— Je sais, dit-elle. Plus de grasses matinées le samedi, plus d'escapades surprises…

Ce n'est toutefois pas du tout ce que je veux dire. Je regarde mon amie en essayant de trouver les mots justes.

Je voudrais qu'elle sache ce qu'elle n'apprendra jamais dans un cours prénatal. Je voudrais lui dire que les blessures physiques de la grossesse et de l'accouchement guérissent, mais que la maternité laissera en elle une plaie émotionnelle si vive qu'elle restera à jamais vulnérable.

Peut-être devrais-je la prévenir qu'elle ne lira plus jamais un journal sans se poser la question « Et si cela avait été mon enfant ? », que chaque écrasement d'avion et chaque incendie la hanteront, que les images d'enfants faméliques lui feront se demander s'il y a plus cruel que de voir mourir son propre enfant.

Je regarde ses ongles soigneusement manucurés et son tailleur élégant. Quel que soit son raffinement, je me dis que la maternité l'amènera à réagir aussi primitivement qu'une ourse protégeant son ourson, que le cri « Maman ! » lancé avec urgence lui fera laisser tomber son soufflé ou son plus beau vase de cristal sans la moindre hésitation.

Je devrais aussi la prévenir que la maternité bouleversera sa carrière, quel que soit le nombre d'années qu'elle y a investies. Certes, elle pourra toujours recourir à des services de garde, mais un jour, au beau milieu d'une importante réunion d'affaires, elle pensera à la douce odeur de son bébé. Et elle aura alors toutes les difficultés du monde à ne pas se précipiter chez elle pour s'assurer que son enfant va bien.

Je voudrais qu'elle sache que les petites décisions de la vie quotidienne n'auront plus rien de routinier. Que lorsqu'un garçon de cinq ans décide, au restaurant, d'aller aux toilettes pour hommes tout seul plutôt qu'aux toilettes pour femmes avec sa mère, elle se trouvera prise dans un dilemme. Qu'au beau milieu de ce restaurant, dans le vacarme des bruits de vaisselle et des cris d'enfants, elle devra choisir entre le désir d'indépendance et d'affirmation de son fils et la crainte qu'un individu aux mauvaises intentions se cache dans les toilettes pour hommes. Que même si la femme d'affaires en elle prend facilement des décisions au travail, la mère en elle verra toujours le doute subsister dans son esprit.

Je regarde ma ravissante amie et je voudrais lui dire qu'elle finira par perdre le poids laissé par la grossesse, mais qu'elle ne se sentira jamais plus la même. Que sa vie aujourd'hui si importante perdra de sa valeur lorsqu'elle aura un enfant. Qu'elle la donnera sans hésiter pour sauver celle de sa progéniture, mais que, paradoxalement, elle commencera aussi à espérer vivre longtemps, non pas pour réaliser ses rêves, mais pour voir son enfant réaliser les siens. Je voudrais lui dire que la cicatrice d'une césarienne ou les vergetures sur son ventre seront autant de trophées.

La relation de mon amie avec son mari changera également, mais pas de la façon qu'elle le croit. J'aimerais qu'elle sache à quel point on se sent amoureuse lorsqu'on voit son homme baigner soigneusement son bébé ou ne jamais hésiter à jouer avec lui. Je devrais lui dire qu'elle retombera en amour avec son mari, pour des raisons qu'elle trouverait sûrement très peu romantiques aujourd'hui.

J'aimerais que mon amie ressente ce lien qui unit les mères avec toutes les générations de femmes qui ont essayé avec l'énergie du désespoir de mettre fin aux guerres, aux injustices et à l'alcool au volant. Je voudrais qu'elle comprenne pourquoi j'arrive toujours à être rationnelle, sauf lorsque je parle de la menace d'une guerre nucléaire en rapport avec l'avenir de mes enfants.

Je voudrais lui décrire la sensation grisante qu'on éprouve quand on regarde son enfant apprendre à jouer au base-ball. Je voudrais saisir pour elle le rire angélique d'un bébé qui touche pour la première fois la douce fourrure d'un chien. Je voudrais qu'elle goûte cette joie si pure qu'elle fait presque mal.

Mon amie me regarde, perplexe, et je me rends compte alors que j'ai les larmes aux yeux. Finalement, je lui dis :

— Tu ne le regretteras jamais.

Je tends le bras, je lui prends la main et je fais une prière pour elle, pour moi, pour toutes les humbles femmes qui embrassent, non sans peine, la plus noble des vocations.

Dale HANSON BOURKE
Histoire soumise par Karen WHEELER

En te regardant dormir

Mon enfant adoré, je me suis glissée dans ta chambre pour te regarder dormir et observer pendant un moment ta poitrine se soulever et se baisser au rythme de ta respiration. Tes yeux sont paisiblement fermés et tes belles boucles blondes sont éparpillées autour de ton visage angélique. Tantôt, lorsque je me suis assise dans la bibliothèque pour fouiller dans ma paperasse, le souvenir des événements de la journée a fait monter en moi une grande tristesse. Incapable de me concentrer plus longtemps sur mon travail, je suis venue te parler dans la quiétude de ton sommeil.

Ce matin, pendant que tu traînassais et t'habillais sans te presser, j'ai eu un mouvement d'impatience et t'ai demandé de cesser de lambiner. Après t'avoir grondé pour avoir égaré ton billet de dîner, j'ai mis fin au déjeuner en te lançant un regard désapprobateur parce que tu venais de laisser tomber de la nourriture sur ta chemise.

— Encore ? ai-je soupiré en secouant la tête.

Tu m'as alors fait un sourire penaud et tu as dit :

— Bonne journée, maman !

Dans l'après-midi, j'ai parlé au téléphone pendant que tu jouais dans ta chambre ; tu chantais fort et tu gesticulais devant tes jouets gaiement alignés sur ton lit. Irritée, je t'ai fait signe de te tenir tranquille et de cesser ton tapage, puis je suis retournée parler au téléphone pendant encore une heure.

— Fais tes devoirs tout de suite, ai-je plus tard lancé à la manière d'un caporal, et arrête de perdre ton temps !

— D'accord, maman, as-tu répondu, plein de remords, en te redressant sur ta chaise, crayon à la main.

Le calme est alors revenu dans ta chambre.

Dans la soirée, tandis que je travaillais à mon bureau, tu t'es approché de moi, hésitant.

— Maman, vas-tu me lire une histoire ce soir ? m'as-tu demandé avec un soupçon d'espoir dans les yeux.

— Pas ce soir, ai-je répondu abruptement. Ta chambre est encore en désordre ! Combien de fois faudra-t-il te le rappeler ?

Tu t'es éloigné d'un pas traînant en direction de ta chambre. Peu après, tu es réapparu dans l'embrasure de la porte.

— Que veux-tu encore ? t'ai-je demandé sur un ton impatient.

Sans dire un mot, tu as trotté jusqu'à moi, tu as mis tes bras autour de mon cou et tu m'as embrassée sur la joue.

— Bonne nuit maman. Je t'aime.

Sans rien dire d'autre, tu as resserré ton étreinte. Puis tu es parti aussi vite que tu étais apparu.

Par la suite, je suis restée assise, le regard fixé sur mon bureau, le remords en travers de la gorge. À quel moment ai-je perdu le rythme de la journée, me suis-je demandé, et à quel prix ? Tu n'as rien fait de particulier pour déranger mon humeur. Tu t'es tout simplement comporté comme un enfant, occupé à se développer et à apprendre. Aujourd'hui, je me suis égarée dans les responsabilités et les obligations de mon monde d'adulte, et il ne me restait plus grande énergie pour toi. Aujourd'hui, lorsque tu es venu spontanément te blottir contre moi, malgré mon humeur qui t'a obligé toute la journée à marcher sur des œufs, tu m'as donné une leçon.

En ce moment, je te regarde, profondément endormi, et je voudrais tant recommencer cette journée. Demain, je serai indulgente envers moi-même comme tu l'as été aujourd'hui à mon endroit, afin d'être une vraie maman : une maman qui t'offre un sourire chaleureux à ton réveil, un mot d'encouragement à ton retour de l'école, une histoire captivante avant la nuit. Je rirai lorsque tu riras, je pleurerai lorsque tu pleureras. Je me rappellerai que tu es un enfant, et non un adulte, et je goûterai la joie d'être ta mère. Ton entrain m'a émue aujourd'hui ; voilà pourquoi je viens te voir, en cette heure tardive, pour te remercier, mon enfant, mon guide, mon ami, de l'amour que tu me portes.

Diane LOOMANS

La fugue

Lors d'une journée mouvementée où mon mari et moi ne savions plus où donner de la tête, nous dûmes réprimander notre fils de quatre ans et demi, Justin Carl, qui faisait des siennes. Après plusieurs avertissements, mon mari, George, se résigna à le mettre en retenue dans un coin. Il accepta sa punition de mauvais gré, mais resta très silencieux. Finalement, après un moment, il déclara :

— Je vais m'enfuir de la maison.

Je fus d'abord surprise, mais je rétorquai, exaspérée par ses paroles :

— Vraiment ?

En me tournant vers lui, cependant, il m'apparut tel un ange, si petit, si innocent, et son regard était si triste.

Le sentiment de sa détresse fit rejaillir en moi un souvenir de ma propre enfance ; j'avais dit les mêmes paroles et je m'étais sentie seule et rejetée. Les mots qu'avait prononcés mon fils en disaient long. En réalité, il nous implorait : « Comment osez-vous faire semblant de ne pas me voir ? Ne soyez pas indifférents à moi ! Je compte pour quelque chose. Faites en sorte que je me sente désiré et aimé inconditionnellement. »

— C'est d'accord, Jussie. Tu peux faire une fugue, lui murmurai-je alors avec tendresse en commençant à préparer ses bagages. Voyons voir, nous aurons besoin d'un pyjama, d'un manteau...

— Maman, qu'est-ce que tu fais ? me demanda-t-il.

— Nous aurons aussi besoin de mon manteau et de ma robe de nuit.

Je fourrai ces vêtements dans un sac et le plaçai devant la porte d'entrée.

— Bon, Jussie, es-tu certain de vouloir faire une fugue ?

— Ouais, mais où tu vas maman ?

— Eh bien ! Si tu veux faire une fugue, maman va t'accompagner, car je ne te laisserais jamais seul. Maman t'aime trop pour cela, Justin Carl.

Nous nous serrâmes l'un contre l'autre pendant que nous parlions.

— Pourquoi tu veux venir avec moi ?

Je le regardai dans les yeux.

— Parce que je t'aime. Ma vie ne serait plus jamais la même si tu n'étais pas là. Je veux être certaine que tu es en sécurité. Si tu pars, je pars avec toi.

— Papa va venir ?

— Non, papa va rester à la maison avec tes frères, Erickson et Trevor. Papa va travailler et prendre soin de la maison pendant notre absence.

— Freddi (un hamster) peut venir ?

— Non, Freddi doit aussi rester à la maison.

Après avoir réfléchi un moment, il dit :

— Maman, est-ce qu'on peut rester à la maison ?

— Oui, Justin, on peut rester à la maison.

— Maman ?

— Oui, Justin ?

— Je t'aime.

— Je t'aime aussi, mon chéri. Ça te plairait de m'aider à faire du pop corn ?

— D'accord !

En cet instant précis, je me suis rendu compte que la maternité est un merveilleux cadeau, que ce devoir sacré qui consiste à aider un enfant à développer la confiance en soi et l'amour-propre est de la plus grande importance. J'ai compris que j'avais entre les mains le précieux trésor qu'est l'enfance, tel un magnifique morceau d'argile qui ne demande qu'à être façonné pour devenir un chef-d'œuvre, en l'occurrence un adulte sûr de lui-même. J'ai appris qu'en tant que mère, je ne devrais jamais « fuir » les occasions qui me permettent de montrer à mes enfants combien ils sont désirés, importants, dignes d'amour, bref qu'ils sont le don le plus précieux de Dieu.

Lois Krueger

Faire une pause

Pour une femme, le marché du travail peut être difficile. Pour une mère, cependant, il l'est encore plus.

Voici une anecdote sur une mère et ses trois fils pleins d'entrain qui, un soir d'été, jouaient aux policiers et aux voleurs dans la cour arrière.

Un des garçons fit semblant de tirer sur sa mère et cria :

— Pan ! Tu es morte.

Elle s'effondra sur le sol. Or, comme elle tardait à se relever, un voisin accourut pour voir si elle s'était blessée en tombant.

Lorsque le voisin se pencha sur cette mère surmenée, celle-ci ouvrit un œil et dit :

— Chut ! Ne dites rien. C'est ma seule chance de me reposer un peu.

THE BEST OF BITS & PIECES

Une mère n'est pas une personne de qui on peut dépendre, mais une personne qui nous apprend à ne dépendre de personne.

Dorothy CANFIELD FISHER

Le jour de la rentrée

Aujourd'hui, Cathy fait son entrée à la maternelle. C'est ma cadette et je me sens nostalgique. Si j'avais le courage de l'admettre, j'ajouterais que je suis triste et un peu craintive. J'ignore pourquoi je me sens ainsi. Je n'étais pas triste lorsque Renata, sa sœur aînée, est entrée à l'école ; au contraire, j'étais enthousiaste et heureuse de sa nouvelle liberté.

Il me semble qu'hier encore, Cathy n'était qu'un bébé paisible et satisfait de son sort. Sa présence était une perpétuelle source de joie. Elle jouait tranquillement avec ses jouets en peluche ou avec notre chien. Elle adorait se cacher avec lui sous le drap que j'installais sur la chaise longue pour faire une tente.

Ma vie et la sienne vont être très différentes, dorénavant. Elle va faire son entrée dans le monde extérieur et je ne pourrai plus la protéger contre les écueils de la vie.

J'ignore si j'ai tendance à surprotéger Cathy, compte tenu du fait qu'à l'âge de trois ans, on a diagnostiqué chez elle une maladie rare. Hormis la famille, personne ne le sait et personne n'a l'impression qu'elle est différente des autres enfants.

Je m'apprête à quitter la cuisine pour aller réveiller Cathy. C'est un grand jour pour elle. Mais la voilà qui arrive, les yeux pétillants et le sourire aux lèvres, vêtue de sa nouvelle jupe à carreaux rouge et d'un chemisier. Nous nous disons bonjour et elle me serre dans ses bras.

— Bonjour, tu es matinale ce matin !

— Bonjour, m'man, marmonne-t-elle, le visage enfoui dans mon tablier. Regarde, maman, je me suis habillée toute seule et je me suis brossé les cheveux, dit-elle fièrement en pirouettant pour me le montrer. Mais je ne suis pas capable de mettre ce ruban dans mes cheveux, ajoute-t-elle en me tendant la brosse, un élastique et un ruban rouge.

Son efficacité en ce matin particulier m'étonne.

En attachant le ruban dans ses cheveux, je lui demande de nouveau :

— Pour ton premier jour de classe, aimerais-tu que je t'accompagne jusqu'à l'école ?

Elle me répond la même chose que la veille :

— Non, maman. Je suis capable de me débrouiller seule. Hier, je suis allée à l'école à pied avec Renata et Leslie, et elles m'ont montré le chemin qui passe par le bois jusqu'au terrain de jeu.

Elle ajoute :

— Tu sais, maman, ils ont fini de construire le terrain de jeu. Tout est neuf : la glissoire, les balançoires, le panier de basket-ball. On va bien s'amuser !

À son enthousiasme, je réponds :

— Cesse de bouger, que je finisse de te coiffer.

Puis je la pousse doucement vers la table. Elle s'assoit aussitôt et attaque son déjeuner. Moi, je lui tourne le dos et je prends une bonne respiration, mais cela ne suffit pas ; je reste la gorge serrée et l'estomac noué.

Je regarde l'horloge.

— Comme tu ne pars pas avant 8 h 30, prends ton temps et mastique bien.

Toutefois, elle a déjà terminé son déjeuner. Puis, sans que je le lui demande, elle va se brosser les dents et revient avec son chandail.

— Je peux partir ? implore-t-elle.

Lui montrant l'horloge, je lui réponds :

— Lorsque la grande aiguille arrivera sur le six.

Je me hasarde à lui poser encore la question :

— Tu es certaine que tu ne veux pas que je t'accompagne ?

— Non, maman, je veux y aller toute seule.

Elle se rend alors sur la terrasse pour appeler le chien et jeter un coup d'œil dans la cour arrière.

— C'est maintenant l'heure ? demande-t-elle en trépignant d'impatience.

Je soupire :

— Oui, ma chérie.

Je la serre longuement dans mes bras, puis elle dévale les escaliers et sort en coup de vent par la porte de devant. Debout en haut des marches, je la regarde par la fenêtre. Elle court jusqu'au trottoir. Elle s'arrête alors subitement, se retourne et revient en courant vers la maison.

— Ah, non ! me dis-je, m'attendant à devoir m'habiller à toute vitesse pour l'accompagner à l'école.

Elle ouvre avec fracas la porte, remonte les escaliers en courant et se jette dans mes bras, sa joue appuyée contre mon ventre. Ensuite, elle lève les yeux vers moi et déclare sur un ton solennel :

— Te t'inquiète pas, maman. Je serai de retour à midi.

Puis elle se précipite vers un nouveau monde d'aventures, l'école, contente et heureuse comme si elle venait de recevoir son diplôme de grande fille. À travers mes larmes, je la regarde avancer jusqu'au bout de l'allée. Elle se retourne une dernière fois et me salue de la main. Je fais de même et m'aperçois que je souris de nouveau.

Je n'ai plus la gorge serrée, car je pense à l'amour qu'elle vient de me manifester. Oui, tout ira bien. De nouvelles aventures m'attendent également. Après tout, c'est un jour spécial pour moi aussi : celui où je reçois le diplôme de mère accomplie.

Mary Ann Detzler

Par amour pour toi, mon enfant

Tes yeux étaient encore ouverts il y a à peine un instant, mais tout ce que tu souhaites, maintenant, c'est de t'endormir. J'aimerais tant que tu ouvres encore les yeux et que tu me regardes. Mon enfant adoré, mon chérubin... nous sommes ensemble pour la dernière fois. Pendant que je te tiens dans mes bras et que je sens la chaleur de ton corps minuscule contre le mien, je te contemple. J'ai le sentiment que mes yeux ne sont pas assez grands pour t'embrasser du regard. Il y a tant de choses à voir dans un petit être comme toi et nous avons si peu de temps. Dans quelques minutes, ils viendront te chercher et t'emmèneront loin de moi. Pour l'instant, ce moment nous appartient et tu existes pour moi toute seule.

Tes joues portent encore les marques de ta naissance – elles sont douces sous mes doigts, aussi douces que les ailes d'un papillon. Tes sourcils sont froncés comme si tu te concentrais – es-tu en train de rêver ? Tes cils sont trop nombreux pour que je puisse les compter et pourtant, je voudrais tous les graver dans ma mémoire. Je veux tout me rappeler de toi. Ta respiration est si rapide, est-ce normal ? Je ne connais rien aux bébés – et peut-être en sera-t-il toujours ainsi. La seule chose que je sais, c'est que je t'aime de tout mon cœur. Je t'aime tellement, mais il n'existe aucun moyen de te le dire. J'espère que tu comprendras un jour. Si je t'abandonne, c'est parce que je t'aime. Je veux que l'on te donne ce que je ne pourrai jamais t'offrir : la sécurité, la compassion, le bonheur, l'acceptation. Je veux que l'on t'aime pour ce que tu es.

J'aimerais que tu puisses retourner dans mon ventre. Je ne suis pas prête à te laisser partir. Si je pouvais te tenir ainsi dans mes bras à jamais, si demain n'existait pas, peut-être aurions-nous une chance ? Non, je sais que te quitter est l'unique solution. Seulement, je ne m'attendais pas à éprouver ce que j'éprouve ; je ne savais pas que tu serais si magnifique et si parfait. J'ai l'impression qu'on m'arrache littéralement le cœur de la poitrine. Je ne savais pas que j'allais ressentir tant de douleur.

Demain, ta maman et ton papa viendront te chercher à l'hôpital, et tu commenceras ta nouvelle vie. Je prie pour qu'ils te parlent de moi. J'espère qu'ils sauront à quel point j'ai dû être courageuse. J'espère qu'ils te diront combien je t'aimais, car je ne pourrai pas te le dire moi-même. Chaque jour, des larmes jailliront en moi parce que tu me manqueras tellement. J'espère te revoir un jour ; toutefois, je veux d'abord que tu grandisses, que tu deviennes fort et beau, que tes désirs soient comblés. Je veux que tu aies une maison et une famille. Je veux que tu aies des enfants un jour qui seront aussi beaux que toi. J'espère que tu essayeras de comprendre et que tu ne m'en voudras pas.

L'infirmière vient d'entrer dans la chambre. Elle tend les bras pour te prendre. Dois-je te laisser partir ? Je sens les battements rapides de ton cœur et tu ouvres finalement les yeux. Ton regard n'est que confiance et innocence, et nos cœurs fusionnent à jamais. Je te donne à l'infirmière. J'ai le sentiment de mourir. Adieu, mon bébé : une partie de mon cœur sera pour toujours en toi. Je t'aime... je t'aime... je t'aime.

Patty HANSEN

La fête des Mères

Un jour de ma jeune trentaine, alors que j'étais assise à l'église, j'éclatai en sanglots. C'était la fête des Mères et des femmes de toutes sortes, jeunes et vieilles, recevaient les applaudissements de leurs familles et de toute la communauté réunie. Chacune d'elles reçut une belle rose, puis retourna à son banc. Je restai là, les mains vides, la mort dans l'âme. J'étais convaincue d'avoir raté ma chance de vivre cette grande aventure, de prendre part à cette mission féminine unique qu'est la maternité.

Tout cela changea un jour de février où, la quarantaine passée, je poussai de toutes mes forces pour donner naissance à Gabriel Zacharias. Il fallut vingt-quatre heures de contractions pour mettre au monde cette petite boule d'amour d'un peu plus de deux kilos. Je comprends aujourd'hui pourquoi on offrait des fleurs à ces femmes !

Toutes les mères qui ont survécu à leur premier accouchement s'étonnent elles-mêmes d'en désirer un deuxième. Au mois de mars de l'année suivante, Jordan Raphael arriva. Il était plus petit et le travail fut moins long, mais j'estimai néanmoins mériter des fleurs.

Le club de la maternité dont je venais de joindre les rangs exige une longue période de préparation : neuf mois d'envies subites et irrésistibles de manger des choses inhabituelles ; des kilos supplémentaires inexplicables ; une façon de marcher qui tient à la fois du buffle et du canard ; une manière tout à fait unique de disposer ses oreillers pour essayer de supporter un ventre protubérant et de remplir les espaces vides, tout en évitant de comprimer la vessie ; et l'apparition de vergetures qui s'étendent graduellement et qui se relâchent après des heures de contractions atrocement douloureuses.

Cette période préparatoire prend fin en même temps que les contractions débutent. Une fois l'enfant né, cependant, la période initiatique de la maternité ne fait que commencer. La douleur de l'enfantement apparaît alors très supportable comparativement à celle qu'une mère éprouve lorsque son cœur se serre. Je l'ai ressentie, cette douleur, à plusieurs occasions : lorsque le sang de mon fils aîné gicla pour la première fois d'une coupure, lors de ses brusques poussées de fièvre, lors de son long combat contre une pneumonie. Je l'ai également ressentie quand son frère cadet poussa un cri de terreur en voyant aboyer un énorme chien, quand il faillit se faire renverser par une voiture ou lorsqu'il pleura la mort de son chat.

Si la période préparatoire semble interminable, la période initiatique l'est réellement : je me réveille lorsque mes fils toussent ; dans mon sommeil, j'entends le bruit léger que font leurs oursons en peluche lorsqu'ils tombent sur le plancher ; au supermarché, quand j'entends un enfant égaré crier « Maman ! », je réagis pour finalement me rendre compte que ce n'est même pas un de mes enfants !

J'ai déjà passé les étapes du sevrage, de l'entraînement à la propreté, de la première rentrée à l'école et de la première visite chez le dentiste. Les étapes qui m'attendent, ce sont les premiers béguins, les premières peines d'amour, l'apprentissage de la conduite automobile. J'espère un jour les voir heureux en mariage et parents de leur propre progéniture. Je pourrai alors être admise dans ce club encore plus sélect de la « grand-maternité ».

Pour l'instant toutefois, le mot de passe donnant accès à mon cœur est encore « maman » et j'en suis reconnaissante, surtout lors de l'anniversaire de naissance de mes fils et tout particulièrement ce dimanche très spécial du mois de mai où l'on célèbre la fête des Mères. Mes fils ne savent pas encore à quel point je suis fière de faire partie de ce club remarquable ; d'ailleurs, ils ne le souligneront avec des fleurs que si on les y incite. Et pourtant, chaque fois que nous faisons une promenade ensemble, ils cueillent une fleur à peine éclose et me l'offrent, tout simplement « parce que ».

Cette année, j'ai hâte de célébrer la fête des Mères, de célébrer ce divin accomplissement du corps, cette acceptation du banal, cette exquise gratitude que j'éprouve à voir mes fils devenir des êtres à part entière. Grâce à Gabriel et Jordan, j'ai une carte de membre en règle du club de la maternité. Et je me souhaite une bonne fête des Mères !

Sharon Nicola CRAMER

6
Moments privilégiés

Aujourd'hui, un nouveau soleil se lève pour moi.
Tout renaît, tout vit, tout semble me parler
de ma passion, tout m'invite à la chérir...

Anne de LENCLOS

J'étais pressée

> *Le travail peut attendre pendant que vous montrez à l'enfant l'arc-en-ciel, mais l'arc-en-ciel n'attendra pas que vous ayez terminé votre travail.*
>
> Patricia CLAFFORD

J'étais pressée.

J'arrivai dans la cuisine en toute hâte, vêtue de mon plus beau tailleur, préoccupée de me préparer pour une réunion en soirée. Gillian, ma fille de quatre ans, dansait en écoutant une vieille chanson qu'elle aime beaucoup : *Cool*, la chanson titre du film *West Side Story*.

J'étais pressée, presque en retard. Pourtant, une petite voix intérieure me disait « Arrête-toi ».

Je m'arrêtai donc. Je la regardai. Puis je lui pris la main et la fis tourner. Ma fille de sept ans, Caitlin, se joignit à nous et je la pris par la main elle aussi. Toutes les trois, nous fîmes quelques pas de boogie-woogie à travers la salle à manger et le salon. Nous riions. Nous tournions. Les voisins voyaient-ils nos folies par la fenêtre ? Aucune importance. La chanson, ainsi que notre danse, se termina sur des fioritures dramatiques. Je leur tapotai les fesses en leur disant d'aller prendre leur bain.

Elles montèrent l'escalier, essoufflées, en riant fort. Je retournai à mes affaires. L'instant d'après, pendant que je fouillais dans la paperasse de mon attaché-case, j'entendis la plus jeune dire à sa sœur :

— Caitlin, on a la plus bonne des mamans, hein ?

Je figeai sur place. Dans ma hâte, j'étais passée à deux cheveux de manquer ce moment. Je songeai aux distinctions et aux diplômes qui couvraient les murs de mon bureau. Aucune distinction, aucune réalisation ne pouvaient se comparer à celle-ci : *On a la plus bonne des mamans, hein ?*

Ma fille avait quatre ans lorsqu'elle prononça ces mots. Je ne m'attends pas à ce qu'elle les dise encore à l'âge de quatorze ans. Mais à cinquante ans, lorsqu'elle se penchera sur mon cercueil pour faire ses adieux à l'enveloppe libérée de mon âme, je veux qu'elle les dise encore.

On avait la plus bonne des mamans, hein ?

Cette phrase ne figure pas dans mon curriculum vitae, mais je veux qu'elle soit gravée sur ma pierre tombale.

Gina Barrett Schlesinger

La bonté ne se mesure pas

Si je peux empêcher un seul cœur de se briser,
Je n'aurai pas vécu pour rien ;
Si je peux soulager la souffrance
d'une seule existence,
Ou apaiser une seule douleur,
Ou aider un seul merle égaré à retrouver son nid,
Je n'aurai pas vécu pour rien.

Emily DICKINSON

Nous étions jeudi, le « jeudi des bonnes actions » comme nous l'appelions, jour où nous cherchions à nous rendre utiles. Il s'agit d'une tradition hebdomadaire que mes deux petites filles et moi adoptâmes il y a plusieurs années. Une fois par semaine, le jeudi, nous allons quelque part pour apporter notre contribution. Ce jeudi-là, nous ne savions pas exactement ce que nous allions faire, mais nous savions qu'une occasion d'aider finirait bien par se présenter.

Sur une route très fréquentée de Houston, pendant que je priais pour recevoir conseil au sujet de la bonne action hebdomadaire que nous allions faire, la faim commença à talonner mes deux filles. Pas étonnant, il était midi. D'ailleurs, elles me le firent savoir assez rapidement en chantonnant : « McDonald's, McDonald's, McDonald's » pendant que je conduisais. Je ralentis, donc, pour chercher un restaurant McDonald's, et je me rendis compte que chaque intersection que nous traversions était occupée par un mendiant. L'idée me traversa alors l'esprit : si mes deux filles étaient affamées, alors tous ces mendiants devaient l'être aussi ! Qu'à cela ne tienne, songeai-je. Nous avions trouvé notre bonne action : acheter de quoi manger à ces mendiants.

Après avoir trouvé un restaurant McDonald's et commandé deux Joyeux Festins pour mes filles, je commandai quinze dîners, puis nous sortîmes du restaurant pour aller les livrer. C'était enivrant. Nous nous arrêtions près d'un mendiant, nous lui donnions quelques pièces de monnaie, nous lui souhaitions bonne chance et nous lui disions :

— Oh !... et voici votre dîner !

Puis nous nous précipitions vers l'intersection suivante.

C'était la meilleure façon de donner. Nous n'avions pas le temps de nous présenter ou d'expliquer ce que nous faisions, pas plus qu'eux n'avaient le temps de nous dire quoi que ce soit. Cette bonne action était anonyme et stimulante pour chacune de nous, et le spectacle que nous renvoyait le rétroviseur nous enchantait : des mendiants étonnés et ravis, un sac de dîner dans la main, nous regardaient nous éloigner. C'était fantastique !

Nous avions presque terminé notre tournée. Il restait une mendiante toute frêle qui se tenait à la dernière intersection et qui quêtait de la monnaie auprès des passants. Nous lui offrîmes notre don et notre dernier sac, puis je fis demi-tour pour rentrer à la maison. Malheureusement, le feu de circulation tomba au rouge et nous dûmes attendre à cette même intersection où la mendiante se trouvait. Embarrassée, je ne savais trop comment me comporter. Je ne voulais pas qu'elle se sente obligée de dire ou de faire quoi que ce soit.

Lorsqu'elle s'approcha de la voiture, je dus me résoudre à baisser la vitre.

— Personne n'a jamais fait une chose pareille pour moi, me dit-elle, l'air surprise.

Je lui répondis :

— Eh bien ! Je suis contente que nous ayons été les premières.

Mal à l'aise et désireuse de faire avancer la conversation, je lui demandai :

— Alors, vous n'allez pas manger votre repas ?

Elle me regarda avec ses immenses yeux bruns pleins de lassitude, puis dit :

— Oh ! ma chère, je ne vais pas manger ce repas-là.

Je ne comprenais pas, mais elle ne me laissa pas le temps de la questionner.

— Voyez-vous, j'ai une petite fille à la maison qui *adore* les repas McDonald's, mais je ne peux jamais lui en acheter parce que je n'ai pas d'argent. Mais ce soir... elle va enfin manger du McDonald's !

Je ne sais pas si mes filles ont vu les larmes que j'avais dans les yeux. Je m'étais tant de fois demandé si nos bonnes actions étaient trop modestes ou trop insignifiantes pour changer quelque chose. Et voilà que ce jeudi-là, je compris toute la vérité de ces paroles de Mère Teresa : « *Nous ne pouvons guère faire de grandes choses ; seulement de petites choses avec un grand cœur.* »

Donna WICK

Le dernier pot de confiture

Nos enfants ont grandi en mangeant des tartines de beurre d'arachide et de confiture. Il nous arrive même à mon mari et moi de s'en préparer une à la dérobée, tard le soir, avec un verre de lait. Je suis certaine que le comte des Sandwiches lui-même serait d'accord avec moi pour dire que la réussite de cette collation aimée de tous ne réside pas dans la marque de beurre d'arachide, mais plutôt dans la confiture. On fait de ces tartines de purs délices lorsqu'on utilise la bonne sorte de confiture, et le seul bon choix est la confiture maison.

Ce n'est pas moi qui faisais les confitures dans notre famille. C'était ma belle-mère. Elle ne concoctait pas plusieurs saveurs, seulement aux raisins ou aux myrtilles. Ce choix restreint fut pour moi un soulagement très apprécié à l'époque mouvementée où j'avais à contenter de jeunes enfants, frères et sœurs, sans compter les chiots. Lorsque j'étais très occupée à prendre toutes sortes de décisions et à faire des choix, les tartines de beurre d'arachide et de confiture étaient une véritable bénédiction. Et comme nous aimions les deux sortes de confiture de ma belle-mère, nous choisissions le premier pot que nos doigts saisissaient dans le garde-manger.

La seule contribution que j'apportais à la confection de ces confitures, c'était de conserver les petits pots d'aliments pour bébé que ma belle-mère nous renvoyait ensuite remplis de sa fameuse confiture et scellés à la cire. Pendant les vingt-deux premières années de mon mariage, chaque fois que je voulais faire des tartines de beurre d'arachide et de confiture pour l'un ou l'une d'entre nous, je n'avais qu'à sortir un des petits pots. Il y en avait toujours. La confiture était presque un mode de vie pour belle-maman. Elle en fit toute sa vie en suivant la même méthode, depuis la sélection des fruits jusqu'à l'entreposage des petits pots remplis sur les tablettes, faites sur mesure, de son garde-manger.

Il y a quelques années, mon beau-père mourut. Au mois de décembre de l'an passé, ma belle-mère aussi décéda. Parmi les choses qui lui appartenaient et que sa famille devait se partager se trouvaient les dernières conserves de son garde-manger. Chacun de ses enfants fit son choix parmi les nombreux bocaux de sauce aux tomates, de haricots verts et de confiture. Lorsque mon mari revint à la maison avec ses bocaux, nous les plaçâmes soigneusement dans le garde-manger.

L'autre jour, je tendis la main pour prendre un pot de confiture afin de faire une tartine. Tout seul, dans le fond d'une tablette, se trouvait un petit pot de confiture de raisins. Le couvercle était un peu rouillé et portait les lettres « RA », écrites au marqueur noir et signifiant raisin, ainsi que l'année où la confiture avait été faite.

Lorsque je pris le pot de confiture, je me rendis compte d'une chose que je n'avais pas remarquée jusqu'à maintenant. J'ouvris de nouveau la porte du garde-manger pour m'assurer que je ne me trompais pas. Non, je ne me trompais pas, c'était le tout dernier pot de « mamie confiture ». Certes, nous pouvions toujours acheter nos confitures au magasin, mais c'était le dernier pot de confiture qui renfermait la patience et l'amour de belle-maman. Elle était partie depuis bientôt un an, mais nous sentions encore beaucoup sa présence. Presque chaque fois que nous ouvrions un pot de confiture au déjeuner, nous faisions des blagues au sujet des milliers de petits pots qu'elle avait remplis. D'ailleurs, nos enfants n'avaient jamais passé un jour sans manger la confiture de leur grand-mère. Cela semble une chose sans importance, et j'admets que la plupart du temps, nous tenions cette gâterie pour acquise. Aujourd'hui, cependant, elle vaut autant qu'un trésor.

Le dernier pot entre les mains, je me remémorai affectueusement ma première rencontre avec ma belle-mère. Je me rappelai aussi les larmes qu'elle versa le jour de notre mariage, ainsi que l'amour qu'elle porta toujours à mes enfants, comme si elle n'avait pas d'autres petits-enfants. Je la revis en train de marcher à travers les champs de la ferme, attendant patiemment pendant que d'autres s'occupaient des vaches. Je la revis marcher dans les bois et conduire le chariot de foin accroché au tracteur. Je revis l'expression de son visage lorsque nous lui faisions la surprise d'aller la rejoindre à l'église. Je la revis au chevet de son époux malade, puis entourée de l'affection de ses enfants aux funérailles.

Je remis le pot de confiture sur la tablette. Ce n'était plus un pot de confiture. C'était la fin d'une tradition familiale. Je me figurais probablement qu'en le laissant dans le garde-manger, une partie de ma belle-mère resterait avec nous pour toujours.

Nous possédons un grand nombre d'objets qui ont appartenu aux parents de mon mari : des fusils, des outils, des chandails et des jetés faits à la main, quelques meubles. Nous avons aussi des centaines de photos et beaucoup d'autres souvenirs. Toutes ces choses sont censées traverser le temps et être transmises aux enfants. Mais je ne suis tout simplement pas prête à abandonner ce dernier pot de confiture et tous les souvenirs que sa seule présence me procure. Je sais bien que cette confiture ne pourra pas rester là indéfiniment. Il faudra, soit la manger, soit la jeter... mais pas aujourd'hui.

Andy S<small>KIDMORE</small>

Conte de Noël

J'étais à San Francisco, quelques jours seulement nous séparaient de Noël et les courses au centre-ville commençaient à avoir raison de nous. Je me rappelle les files de gens, sur les îlots de béton au milieu de la rue, qui attendaient impatiemment les autobus et les tramways, ralentis en cette période de l'année. Chargés de paquets, plusieurs d'entre nous avaient l'air de se demander si leurs innombrables amis et parents *méritaient* réellement tous ces cadeaux. Cela ne correspondait pas du tout à l'esprit de Noël de mon enfance.

Lorsque, finalement, je me retrouvai pratiquement pliée en deux sur les marches d'un tramway bondé, l'idée de rester là avec ces gens, serrés comme des sardines pendant tout le trajet, fit déborder le vase. J'aurais donné beaucoup pour avoir un siège ! Je devais être un peu sonnée par l'épuisement, car des passagers descendirent l'un après l'autre à leur arrêt et on pouvait de nouveau respirer, mais il me fallut du temps pour le remarquer.

C'est à ce moment que j'aperçus quelque chose du coin de l'œil. Un petit garçon au teint basané, âgé de cinq ou six ans tout au plus, tira la manche d'une femme et demanda :

— Voulez-vous vous asseoir ?

Il la conduisit alors au siège libre le plus près. Puis il chercha une autre personne fatiguée. Aussitôt qu'un siège se libérait, chose rare, il se promenait dans la foule et trouvait une autre femme chargée de paquets qui avait désespérément besoin de reposer ses pieds.

Lorsqu'il vint finalement tirer ma manche, je fus complètement éblouie par la beauté de ses yeux. Il me prit la main et dit :

— Venez avec moi.

Je pense que je vais me souvenir de son sourire toute ma vie. Lorsque je posai avec grand soulagement mes lourds paquets sur le sol, le petit émissaire de l'amour retourna immédiatement aider quelqu'un d'autre.

Jusqu'à présent, les gens du tramway avaient, comme d'habitude, évité de se regarder. Mais depuis quelques minutes, ils commençaient à échanger des regards et des sourires timides. Un homme d'affaires offrit à l'étranger assis à côté de lui une section de son journal ; trois personnes se levèrent pour ramasser un paquet tombé ; et des gens tout à l'heure indifférents conversaient. Le petit garçon avait opéré un changement visible : tout le monde semblait se détendre dans cette atmosphère maintenant chaleureuse et prendre plaisir à faire le trajet qu'il leur restait.

Je ne me souviens pas du moment où le petit garçon descendit du tramway ; lorsque je levai la tête à un moment donné, il n'était plus là. Quand j'arrivai à mon arrêt, je me sentis littéralement flotter en descendant les marches du tramway. Je souhaitai un joyeux Noël au chauffeur et je vis d'un œil nouveau les lumières de Noël qui scintillaient dans ma rue. Ou peut-être les voyais-je comme il y a longtemps, habitée par le même sens de l'émerveillement que celui qui m'animait lorsque j'avais *moi-même* cinq ou six ans. Je songeai : « Voilà donc ce qu'ils voulaient dire par : *Et ce sera un petit enfant qui les conduira...* »

Beverly M. Bartlett

Qui a gagné ?

En 1968, lors des épreuves d'athlétisme des Jeux olympiques spéciaux, je fus témoin d'un magnifique exemple de bonté. Un des participants s'appelait Kim Peek, un garçon lourdement handicapé et atteint de lésions cérébrales. Il prenait part à la course sur soixante mètres.

Kim courait contre deux autres athlètes atteints de paralysie cérébrale et confinés au fauteuil roulant. Kim, lui, courait à pied. Lorsque le pistolet donna le signal de départ, Kim dépassa rapidement les deux autres concurrents. En avance de vingt mètres et à dix mètres du fil d'arrivée, Kim se retourna pour voir où étaient arrivés les deux autres. La petite fille avait fait tourner son fauteuil roulant et était coincée contre le mur. L'autre participant, un garçon, faisait avancer son fauteuil roulant à reculons avec ses pieds. Kim s'arrêta, fit demi-tour et poussa la petite fille jusqu'au fil d'arrivée. Le garçon qui avançait à reculons gagna la course. La fillette arriva deuxième et Kim perdit.

Mais perdit-il réellement ? À en croire l'ovation qu'elle lui réserva, la foule pensait probablement tout le contraire.

Dan CLARK

Les tennis de Mme Bush

J'étais très nerveuse. Je me trouvais à la Maison-Blanche (oui, celle-là même que vous connaissez) pour un dîner officiel, attendant en ligne de serrer la main du président Bush et de son épouse, essayant de maintenir mon plus beau sourire et de trouver quelque chose d'intelligent à dire. Perdue dans mes pensées, j'entendis la voix de mon mari :

— Oh ! Christine se fera un plaisir de lui en faire une paire.

Je levai les yeux juste à temps pour voir le président admirer les chaussures de mon mari. Les tennis que mon époux portait, de couleur foncée et peints à la main, n'étaient certainement pas le genre de chaussures qu'on assortit habituellement avec un smoking. Au fil des ans, pendant que mon mari, Wally Amos, s'affairait à faire la promotion de ses « fameux » biscuits aux brisures de chocolat, j'avais créé des œuvres d'art uniques sur ses vêtements et même, depuis peu, sur ses chaussures.

Je ne me souviens pas des quelques secondes de conversation qui suivirent. Tout ce que je sais, c'est que Wally proposa mes services pour peindre une paire de chaussures appartenant à la femme du président, Barbara. Ma première réaction fut de dire :

— Merci, chéri. Peut-être pourras-tu t'occuper de toutes les tâches domestiques pendant une semaine pendant que je crée des tennis pour cadres supérieurs.

Je songeai ensuite que tout cela n'était que propos mondains et que c'était déjà très flatteur que le président des États-Unis ait remarqué les tennis de mon mari. Or, une semaine plus tard, un paquet envoyé par courrier exprès et provenant de la Maison-Blanche arriva à la maison. Il renfermait une paire de tennis que Mme Bush voulait faire peindre, ainsi qu'une note me disant de laisser aller mon imagination. « Bon, bon, pensai-je, ce ne sont que les tennis de la première dame. »

Évidemment, lorsque je me rendis compte que tout cela était bien réel, je me jetai à corps perdu dans la création. Je peignis Millie (le chien des Bush), les petits-enfants, des livres (pour la lutte de Mme Bush contre l'analphabétisme), des arcs-en-ciel, des soleils et des palmiers sur la languette, les côtés et les lacets. Ces chaussures étaient de véritables œuvres d'art lorsque je les renvoyai à la Maison-Blanche, et j'en étais vraiment fière.

Par la suite, je surveillai chaque jour le facteur pour voir s'il m'apportait une lettre qui me ferait connaître la réaction de Mme Bush. Quelques semaines plus tard, je reçus une très chaleureuse note manuscrite de la première dame qui me remerciait abondamment et me disait combien ses chaussures étaient belles.

L'histoire ne se termine pas là. Quelques mois plus tard, mon mari retourna à la Maison-Blanche pour un déjeuner officiel lors duquel le président Bush devait prononcer un discours. Juste avant le déjeuner, lorsqu'elle apprit que Wally allait être présent, Mme Bush demanda à un membre du personnel d'aller chercher les tennis que j'avais peints. Elle les chaussa, fit prendre des photos avec Wally – bien entendu, il portait lui aussi les siens – et les garda pendant tout le déjeuner. Vêtue de sa tenue de première dame, Mme Bush porta donc ses nouveaux tennis peints à la main. J'étais ravie.

Mon mari, un homme extraverti, saisit toujours les occasions. Cette fois, c'est moi qui le remercie pour ces souvenirs durables. J'espère que les tennis vivement colorés de Mme Bush sont encore dans son placard – à moins que Millie s'en soit emparée...

Christine Harris-Amos

Léger comme une plume

À *mes yeux, les belles choses arrivent en toute simplicité.*

Edna St. Vincent Millay

Dans ma classe de fin du primaire, mon pupitre se trouvait dans la troisième rangée à partir de la gauche, presque en avant. Je m'y assoyais les mains jointes, les pieds posés sur le sol. Chaque matin, le pasteur Beikman nous servait les dix commandements et nous apprenait à les mastiquer, à les avaler et à les craindre. Mon passage à la petite école se résume à ceci : étudier, mémoriser, réciter. L'école catholique reposait sur l'uniforme et les conventions. Dans le programme d'enseignement, les hommes étaient mis sur un piédestal et les femmes restaient invisibles. D'accord, ce furent des hommes qui découvrirent de nouveaux continents, expliquèrent les lois de l'univers et écrivirent la Bible, mais ce fut une femme qui toucha mon âme et qui m'incita à réfléchir sur la vie, à aimer véritablement et à voir l'omniprésence de Dieu.

Un matin, le pasteur annonça qu'il quittait notre école pour occuper de nouvelles fonctions. Lorsqu'il nous présenta l'institutrice qui allait le remplacer, Mlle Newhart, un frémissement d'excitation nous traversa. Très grande, coiffée tout en hauteur, chaussée de souliers à semelles compensées et vêtue d'une jupe qui laissait entrevoir ses genoux, Mlle Newhart irradiait à la fois la force et la légèreté. Ses mains, longues et tachetées comme la gorge d'un merle, gesticulaient avec une ampleur qui ne manquait pas de faire sentir sa présence. Après les présentations d'usage, Mlle Newhart plongea la main dans un sac gros comme une valise et en sortit des plumes qu'elle nous distribua. Elle nous expliqua que ces plumes étaient des cadeaux que nous offraient ceux à qui elles avaient appartenu à l'origine, c'est-à-dire des oiseaux qui s'étaient débarrassés de leur plumage en trop et avaient laissé derrière eux ce dont ils n'avaient plus besoin. Ce matin-là changea notre univers et, bientôt, notre façon d'être.

Pendant le cours d'histoire, le même jour, Mlle Newhart nous relata l'histoire de Christophe Colomb. Après un trop long séjour en mer, les matelots commençaient à montrer des signes de nervosité et voulaient rebrousser chemin. Il y eut des rumeurs de mutinerie et on dit que Colomb craignit pour sa vie. Puis, un matin, une plume descendit du ciel et se posa sur l'eau, signe que la terre ferme était proche. Les matelots aperçurent d'autres goélands qui criaient et tourbillonnaient dans le ciel. En racontant cela, Mlle Newhart tendit les bras dans un geste théâtral, et la peau tachetée de ses triceps grassouillets frémit légèrement. Elle se mit ensuite à pivoter sur elle-même de sorte que sa jupe lui battit les cuisses pendant que ses pieds tournaient rapidement. Je me disais qu'elle allait elle aussi s'envoler. Elle m'aida à me représenter ce que les matelots de Colomb durent ressentir : l'espoir réside dans la moindre chose.

Le lendemain matin, le sac de Mlle Newhart était plein à craquer. Il contenait une affiche de la *Dernière Cène*, un pinceau, un compas et un long tube de carton. Elle sortit du tube un dessin en noir et blanc qu'elle fixa sur le tableau de liège. Le dessin montrait un cercle entourant un homme dont les bras étirés touchaient la circonférence et dont les pieds écartés effleuraient le bas du cercle. Sur la feuille figuraient des mesures, des schémas, des formes et des nombres.

— De Vinci, dit-elle à voix haute, était plus qu'un peintre. Il étudiait des sujets jusqu'à ce qu'il les connaisse bien : l'homme, la nature, les sciences, les maths…

— A-t-il étudié les plumes d'oiseaux ? demandai-je.

L'institutrice au chignon pointu adora ma question.

Pionnier de l'aérodynamique, Léonard de Vinci avait effectivement étudié les plumes. Lorsqu'on examine une plume depuis son extrémité, elle semble convexe, légèrement arquée vers le haut et l'extérieur, laissant l'air glisser sur elle sans résistance. Lorsqu'on met plusieurs plumes ensemble, comme pour faire une aile, elles forment une surface portante qui oppose une résistance parfaite à l'air qui passe dessus. Mlle Newhart, qui était plus qu'une institutrice, et de Vinci, qui était plus qu'un peintre, m'apprirent à voir le merveilleux qui se trouve dans les petites choses.

Plus tard, le même matin, Mlle Newhart nous sortit des murs de l'école et nous emmena dans un vaste champ d'herbes hautes des environs. Nous nous étendîmes dans le blond pâturage et nous recouvrîmes nos corps de branches, de feuilles et de tiges mortes. Nous avions trouvé nos nids, des fenêtres sur le ciel. Dans ce camouflage de verdure, nous apprîmes le calme, le repos et l'observation ; nous apprîmes à laisser les insectes ramper sur nous, à écouter les oiseaux et à étudier leurs mouvements.

Dans l'après-midi, Mlle Newhart resta dans l'embrasure de la porte tandis que nous partions et elle nous toucha l'un après l'autre sur l'épaule en disant « au revoir » ou « que Dieu te bénisse ». Je me souviens de la chaleur et de la douceur de ses mains.

Elle me demandait souvent de rester après la classe pour ranger les chaises, pour nettoyer ou pour effacer le tableau. À la fin d'un de ces après-midi délicieux, je lui confiai une pensée troublante que j'avais gardée secrète : je lui avouai que j'aimais probablement plus les oiseaux que Dieu, ce qui était un péché selon les commandements. Mlle Newhart fouilla dans son bureau encombré, trouva sa Bible, l'ouvrit au chapitre des Psaumes et lut : « Il te couvrira de Son plumage et sous Son aile tu trouveras refuge ; Sa fidélité sera ton bouclier et ton rempart. » Elle écrivit ce verset sur un bout de papier qu'elle me donna. Je l'ai encore aujourd'hui. Je ne savais pas ce que signifiait le mot « rempart » (cela n'avait pas grande importance), mais je sentis naître quelque chose au fond de moi : on me donnait la permission d'aimer profondément les choses de la terre, car Dieu était dans toute chose et me les offrait. En retournant à la maison cet après-midi-là, je m'imaginais que je pouvais voler. Je courais à toute vitesse sur le trottoir, les bras tendus de chaque côté, le corps penché vers l'avant, tel un oiseau.

Je porte une breloque en or autour du cou ; c'est un oiseau qu'on m'a offert lorsque j'étais jeune. Les ailes de cet oiseau sont devenues mon symbole. Elles me rappellent ces trottoirs que je faisais semblant de survoler il y a des années, ainsi que toutes ces routes que j'ai sillonnées depuis. Et au fil des ans, j'ai fait miennes certaines caractéristiques du plumage de l'oiseau : j'oppose moins de résistance aux choses que la vie m'offre et les épreuves glissent plus facilement sur moi. En tant qu'enseignante, j'ai aidé des enfants à passer au travers des fractions, des leçons d'orthographe et des moments de doute. Je les ai menés en lieu sûr quand ils se sentaient perdus. J'ai appris à me recueillir de temps à autre dans des endroits paisibles et à laisser derrière moi les choses dont je n'ai plus besoin, comme la rancune, le chagrin et le regret. Je sens en moi la force et la paix, et je crois de tout mon cœur qu'aucun rempart ne pourra m'arrêter.

Melody ARNETT

365 jours

Selon mes amis et mes associés, je suis une personne pleine d'assurance, instruite, organisée et créative. Pourtant, pendant la majeure partie de ma vie d'adulte, quatorze jours par année, j'eus l'impression d'être une tout autre personne. Le syndrome prémenstruel ? Non, une chose pire encore : la visite annuelle de mes parents. Séparée d'eux par plus de trois mille kilomètres durant trois cent cinquante et un jours par an, je me débrouillais plutôt bien dans mes rôles d'épouse, de mère, de bénévole et de femme d'affaires. Toutefois, la visite de mes parents fut longtemps pour moi un véritable calvaire.

Mon histoire est assez courante : j'étais une première de famille qui n'arrivait jamais à combler les attentes de son père. Aux yeux des autres, je réussissais bien tout ce que j'entreprenais, mais ce n'était pas l'avis de mon père. Je passai donc la presque totalité de ma vie à éprouver du ressentiment à son égard et, quelque part en moi, envers ma propre personne.

Les visites de mes parents furent pénibles non seulement pour moi, mais pour tous ceux qui m'entouraient, à commencer par l'homme tendre auquel je suis mariée depuis trente-deux ans, Dave. Pendant des semaines avant l'arrivée de mes parents, je nettoyais la maison de fond en comble, je harcelais mon mari pour qu'il effectue de petites réparations et j'achetais de nouveaux rideaux, draps et oreillers – ce qui, généralement, avait pour effet de défoncer notre budget familial. Je planifiais des repas gastronomiques, je cuisinais des plats jusqu'à ce que le congélateur soit plein à craquer et je grondais mes enfants parce qu'ils criaient, parce que leur chambre était en désordre, parce qu'ils avaient de mauvaises manières. Lorsque mes parents arrivaient finalement chez nous, une aura de tension m'emprisonnait comme une toile d'araignée (ou, plutôt, comme une couverture de laine trempée et écrasante). Lorsque mes parents repartaient, des nuits entières de discussion commençaient avec mon mari. J'essayais de décoder ce qu'avait dit ou n'avait pas dit mon père. Et je pleurais chaque soir avant de dormir, inconsolable, me sentant à la fois rejetée et épuisée. En trente-deux ans de mariage, un couple peut avoir des hauts et des bas ; dans notre cas, ce furent les visites de mes parents qui mirent à l'épreuve l'amour de Dave, et c'est grâce à lui que je passai au travers.

Lorsque je passai le cap de la quarantaine, la pensée de l'immortalité (ou de son absence…) commença à me préoccuper. Depuis plusieurs années déjà, j'étudiais la spiritualité, c'est-à-dire que je me penchais sur différentes idées. Malgré toute ma bonne volonté, toutefois, ma spiritualité me désertait quatorze jours par année, me laissant nue, sans défense et aussi vulnérable qu'une enfant de cinq ans.

Puis, un jour, on diagnostiqua chez mon père la maladie de Parkinson. Rapidement, ce dieu athlétique plein de vitalité et d'intelligence de mon enfance se transforma en vieillard confus, décharné et tremblant. Comme le temps nous était maintenant compté, je compris que je devais, avant qu'il nous quitte, essayer de renouer avec lui et d'assainir ce que j'éprouvais face à ses attentes déçues. Mais comment m'y prendre ? J'avais déjà tout essayé. La seule chose que je n'avais pas faite, c'était de lui accorder mon pardon.

C'est donc ce que je fis. Le seul fait de me dire tout haut « je te pardonne » me permit de ne plus douter de moi-même et de me sentir enfin sereine. Je cessai de dire « j'aurais dû », « j'aurais pu », « j'aurais aimé ». Ce faisant, je me suis pardonné à moi-même. Je n'ai jamais dit à mon père que je lui pardonnais, mais il le sentit certainement, car un aspect de notre relation changea du tout au tout.

Au mois d'août qui précéda son décès, il vint seul nous voir pendant deux semaines. Cette fois-là, il n'y eut ni névrose de ménage, ni achat de nouveaux draps, ni tension. Maintenant que je lui avais pardonné, je pouvais lui parler en amie et compagne, et non en fille amère, déçue et blessée. Nous parlâmes de sa vie, de son mariage, de son expérience de soldat, de son amour de la nature et des animaux. Pour la première fois de ma vie, il me dit qu'il admirait mon intuition et mon intelligence ; il me dit combien il aimait notre maison chaleureuse et nos jardins. Ensemble, nous explorâmes nos propres méthodes de réconciliation et il me confia certains événements incroyables dont il avait fait l'expérience sur le plan psychique au cours de sa vie. Plus incroyable encore, il me dit pour la première fois qu'il m'aimait.

Ce fut la dernière visite de mon père. Après sa mort, ma mère prépara une cassette vidéo montrant des images de lui à différentes périodes de sa vie, le tout accompagné de musique. J'arrête un moment d'écrire ces lignes et je lève les yeux vers le boîtier de cette cassette qui se trouve dans ma bibliothèque. Ma vie avec mon père se résume à ces deux dernières semaines que je passai avec lui au mois d'août : je le vois encore assis dans un fauteuil d'osier sur ma véranda, entouré de soleil et de fleurs, qui blague, parle, raconte... et qui m'aime.

Le pardon complet et inconditionnel a ramené la paix dans mon âme et marqué le début d'une vie que je n'avais jamais osé imaginer. Aujourd'hui, en plus d'être une épouse, une mère, une grand-mère et une médium, je suis une femme *entière* 365 jours par année.

Rosemarie GIESSINGER

La face cachée des êtres

— Chéri, quelqu'un a oublié un manteau dans le placard de ta mère, dis-je à mon mari.

La veste en faux léopard, accrochée tout au fond du placard, se démarquait nettement des autres vêtements sombres. Je me demandai qui avait bien pu suspendre des vêtements dans le placard de ma belle-mère. Nous lui cherchions un manteau d'hiver dans son placard, car après avoir reçu son congé de l'hôpital où elle avait été amenée d'urgence une semaine auparavant, elle s'apprêtait à rentrer à la maison.

— Un manteau ? Quel manteau ?

Mon mari, qui triait le courrier, leva les yeux. Je sortis la veste et la mis sous la lumière pour lui montrer.

— Ah ! Cette veste ! Maman l'a achetée il y a longtemps, quand j'étais petit... tu sais, à l'époque où c'était à la mode. Maman et Papa s'étaient même disputés à propos de son achat.

Je songeai alors à la femme que je connaissais depuis trente ans. Elle achetait ses robes d'intérieur et ses pantalons de polyester dans des magasins bon marché, gardait ses cheveux gris dans un filet et choisissait toujours le plus petit morceau de viande lorsqu'on faisait circuler le plat autour de la table. Je savais qu'elle n'était pas du genre à porter un vêtement aussi flamboyant qu'une veste en faux léopard.

— Je suis incapable d'imaginer ta mère avec cette veste sur le dos, dis-je à mon mari.

— Je pense qu'elle ne l'a jamais portée à l'extérieur de la maison, répondit-il.

Je décrochai la veste du cintre matelassé et la déposai sur le dessus-de-lit en chenille blanche. Le tissu s'étala comme la fourrure souple d'un animal exotique qui s'étire. Je fis glisser ma main sur l'épaisse fourrure peluchée, et les taches changèrent de lustre aux endroits où mes doigts s'étaient enfoncés.

Mon mari était debout près de la porte.

— Je me rappelle que maman passait sa main dans la fourrure comme tu le fais.

Lorsque je glissai mes bras dans les manches, la veste embauma un parfum de gardénias et de rêves. Elle tombait de mes épaules avec ampleur et la fausse fourrure de son collet montant, douce comme du velours, caressait mes joues. Cette veste évoquait l'élégance d'une époque révolue, celle de Lana Turner et de Joan Crawford, et non la femme de quatre-vingt-trois ans très sobre que je connaissais.

— Pourquoi ne m'as-tu jamais dit que ta mère avait une veste de léopard ? demandai-je à voix basse à mon mari.

Mais il avait déjà quitté la pièce pour aller arroser les plantes.

Si on m'avait demandé de dresser une liste des objets dont ma belle-mère n'aurait jamais voulu, cette veste aurait figuré en tête. Pourtant, après avoir découvert ce vêtement, ma relation avec ma belle-mère se transforma. Je me rendis compte que je savais bien peu de choses au sujet des rêves et des espoirs de cette femme. Nous emportâmes donc la veste à l'hôpital afin qu'elle la porte pour son retour à la maison. Dès que ma belle-mère la vit, ses joues rosirent ; puis elles rougirent sous les taquineries aimables du personnel de l'hôpital.

Pendant les trois dernières années de sa vie, au lieu de lui offrir en cadeau des choses pratiques comme des sous-vêtements ou des pantoufles, je lui donnais du parfum, des crèmes et des produits de maquillage. Une fois par semaine, nous allions au restaurant et elle profitait de l'occasion pour porter sa veste. Elle se faisait même des coiffures bouffantes et élégantes en prévision de nos sorties. Nous passions du temps ensemble à feuilleter l'album de famille et je pus enfin commencer à mieux connaître cette jeune femme à la bouche en cœur qui apparaissait sur les photos.

Aujourd'hui, la fausse fourrure est de nouveau en vogue. On en voit souvent dans les vitrines des magasins et dans la rue. Chaque fois que j'en vois, je repense à la veste de ma belle-mère et je me dis qu'on a tous en soi un côté méconnu que nos êtres chers gagneraient à découvrir et à connaître.

Grazina SMITH

7
Les rêves

— *À quoi bon essayer ? dit Alice en riant.*
— *On ne peut croire en quelque chose d'impossible.*
— *Alors, c'est que vous n'avez pas grande expérience,*
répliqua la Reine.
— *Lorsque j'avais votre âge,*
j'essayais chaque jour pendant une demi-heure.
Eh bien, parfois, j'ai cru jusqu'à six choses impossibles
avant même qu'arrive l'heure du petit déjeuner.

Lewis CARROLL
Alice à travers le miroir

Le vent dans les ailes

Au loin, sous le soleil, brillent mes plus grandes aspirations. Elles sont peut-être encore hors de ma portée, mais je peux lever les yeux en leur direction, admirer leur beauté, croire en elles et essayer de les suivre.

Louisa May ALCOTT

En 1959, Jean Harper avait neuf ans et allait à l'école primaire. Un jour, son institutrice donna un devoir à la classe : les élèves devaient écrire une composition sur ce qu'ils voulaient faire quand ils seraient grands. Le père de Jean pilotait un avion d'épandage agricole dans le petit village de la Californie où elle avait grandi ; Jean était fascinée par les avions et par tout ce qui volait. Elle écrivit sa composition en y mettant tout son cœur et tous ses rêves : elle voulait piloter des avions d'épandage agricole, sauter en parachute, ensemencer les nuages (elle avait vu cela dans un épisode télévisé de « Sky King ») et devenir pilote de ligne. Quelques jours plus tard, elle reçut son devoir corrigé qui portait la note *F*. Son institutrice lui expliqua que sa composition était un « conte de fées » et qu'aucune des occupations mentionnées dans son texte n'était un métier féminin. Jean se sentit écrasée et humiliée.

Elle montra sa composition à son père, qui lui dit :

— Bien sûr que tu deviendras pilote. Regarde Amelia Earhart, par exemple.

Il ajouta :

— Ton institutrice ne sait pas de quoi elle parle.

Au fil des ans, toutefois, Jean se laissa peu à peu décourager par l'attitude dissuasive et négative des gens à qui elle parlait de ses projets de carrière.

— Les filles ne sont pas pilotes de ligne et ne le seront jamais. Tu n'es pas assez intelligente, tu es folle. C'est impossible.

Jean finit par abandonner ses rêves.

Durant sa dernière année d'école secondaire, Jean eut Mme Dorothy Slaton comme professeur d'anglais. Mme Slaton était une enseignante intransigeante et exigeante qui attendait beaucoup de ses élèves et qui n'acceptait pas n'importe quelles excuses. Elle refusait de traiter ses élèves comme des enfants et leur demandait plutôt de se comporter comme les adultes responsables qu'ils allaient devoir être après leurs études. Au début, Jean craignait Mme Slaton, mais elle en vint à respecter son attitude ferme et juste.

Un jour, Mme Slaton donna à ses élèves un devoir à faire à la maison : « À votre avis, que ferez-vous dans dix ans ? » Jean réfléchit au sujet de la composition : « Pilote ? Pas question. Agent de bord ? Je ne suis pas assez jolie, ils refuseraient de me prendre. Épouse ? Quel gars voudrait de moi ? Serveuse ? *Ça*, je pourrais le faire. » Comme cette idée lui semblait acceptable, elle en fit le sujet de sa composition.

Mme Slaton ramassa les devoirs et Jean n'en entendit plus parler. Deux semaines plus tard, Mme Slaton remit les compositions aux élèves en les plaçant sur les pupitres de façon que le côté vierge de la feuille de chaque élève se trouve face vers le haut. Elle leur demanda ensuite d'écrire, sur le côté vierge de leur feuille, leur réponse à la question suivante : « Si vous aviez des ressources financières illimitées, un accès illimité aux meilleures écoles, ainsi que des talents et des aptitudes illimités, que feriez-vous ? » Jean sentit monter en elle son enthousiasme refoulé. Exaltée, elle mit sur papier tous ses vieux rêves. Lorsque les élèves cessèrent d'écrire, Mme Slaton demanda :

— Combien d'entre vous ont écrit la même chose des deux côtés de leur feuille ?

Pas un seul élève ne leva la main.

Les paroles que prononça alors Mme Slaton changèrent l'existence de la jeune Jean. Elle se pencha au-dessus de son bureau et dit :

— J'ai un secret à vous confier. Vous avez *tous* des talents et des aptitudes illimités. Vous avez *tous* accès aux meilleures écoles. Et vous pouvez *tous* vous arranger pour avoir des ressources financières illimitées si vous êtes suffisamment déterminés. Voilà ! Lorsque vous aurez terminé l'école, *personne* ne poursuivra vos rêves à votre place. Avec beaucoup de ténacité, vous pouvez obtenir tout ce que vous voulez.

Après ce bref discours de Mme Slaton, le découragement et la peur qui avaient fini par avoir raison de Jean disparurent. Jean se sentit enivrée, quoiqu'un peu appréhensive. Elle resta après la classe et alla voir son institutrice pour la remercier et lui parler de son rêve de devenir pilote. Mme Slaton se leva à moitié et fit claquer sa main sur le bureau :

— Alors fais-le !

Et c'est ce que Jean fit. Évidemment, son rêve ne se réalisa pas du jour au lendemain. Il lui fallut dix années de travail acharné au cours desquelles elle persévéra malgré l'opposition qu'elle rencontrait et qui allait du simple doute à la franche hostilité. Et comme ce n'était pas dans la nature de Jean de se défendre devant un refus ou une humiliation, elle essaya toujours de trouver le moyen d'arriver à ses fins sans déranger personne.

Jean devint pilote privée, puis elle obtint les qualifications qui lui permirent de piloter des avions de marchandises et même de travailler pour des transporteurs aériens régionaux, mais toujours à titre de copilote. Ses employeurs, en effet, hésitaient à la promouvoir – parce qu'elle était une femme. Même son père lui conseilla d'essayer autre chose.

— C'est impossible, insista-t-il. Cesse de t'entêter.

Cependant, Jean lui répondit :

— Papa, je ne suis pas d'accord. Je crois que les choses vont changer et je veux me trouver dans le peloton de tête lorsque cela se produira.

Jean fit tout ce que son institutrice de l'école primaire avait qualifié de conte de fées : elle travailla un peu comme pilote d'avion d'épandage agricole, sauta quelques centaines de fois en parachute et ensemença même des nuages pendant tout un été. En 1978, elle devint une des trois premières apprenties pilotes de la United Airlines et fut l'une des cinquante premières femmes pilotes des États-Unis. Jean Harper est aujourd'hui capitaine d'un Boeing 737 chez United.

La jeune fille peu sûre d'elle qu'était Jean eut seulement besoin de quelques mots d'encouragement bien placés de la part d'une femme qu'elle respectait pour trouver la force et la foi de poursuivre son rêve. Aujourd'hui, Jean dit :

— J'ai choisi de la croire.

Carol KLINE,
avec la collaboration de Jean HARPER

Que voulez-vous devenir ?

Vous devez avoir un rêve. Sinon, comment pensez-vous pouvoir le réaliser ?

Bloody MARY,
dans le film *SOUTH PACIFIC*

Rien ne nous porte plus haut que l'imagination.

Lauren BACALL

Il y a quelques semaines, j'ai vécu un moment de grâce. J'étais dans la chambre à coucher en train de changer un des bébés lorsque notre fille de cinq ans, Alyssa, est venue me trouver près du lit.

— Maman, que veux-tu devenir quand tu seras grande ? m'a-t-elle demandé.

Je me suis dit qu'elle jouait à un de ses jeux imaginaires et j'ai voulu entrer dans son jeu :

— Euh... Je pense que j'aimerais être une maman quand je serai grande.

— Tu ne peux pas, car tu es *déjà* une mère. Que veux-tu *devenir* ?

— D'accord, peut-être deviendrai-je pasteur quand je serai grande, ai-je alors répondu.

— Maman, *non* ! Tu es *déjà* pasteur !

— Désolée, ma chérie, mais je ne vois pas ce que je suis censée répondre, ai-je admis.

— Maman, tu n'as qu'à dire ce que tu veux *devenir* quand tu seras grande. Tu peux devenir *tout* ce que tu veux !

Sur le coup, son questionnement insistant m'a tellement émue que je suis restée muette un instant ; Alyssa a alors laissé tomber son jeu et est sortie de la chambre.

Ce moment d'à peine cinq minutes a fait vibrer une corde sensible en moi. J'étais touchée de voir qu'aux yeux de ma petite fille, je pouvais encore devenir *tout* ce que je voulais. Mon âge, ma carrière, mes cinq enfants, mon mari, mon diplôme de baccalauréat, mon diplôme de maîtrise : *rien de tout cela ne comptait.* Dans son jeune esprit, je pouvais encore rêver et réaliser des rêves. Dans son jeune esprit, mon avenir était toujours devant moi. Dans son jeune esprit, je pouvais encore être astronaute ou pianiste ou, pourquoi pas, chanteuse d'opéra. Dans son jeune esprit, la vie me réservait encore quelques occasions de grandir et beaucoup d'occasions de « devenir ».

La vraie beauté de ce moment vécu avec ma fille, c'est que je me suis rendu compte d'une chose : en toute honnêteté et dans son innocence, elle aurait posé exactement la même question à ses grands-parents et à ses arrière-grands-parents.

Quelqu'un a écrit : « La vieille femme que je deviendrai sera très différente de la femme que je suis. Une autre femme naît en moi... »

Alors... que voulez-vous *devenir* quand vous serez grande ?

Rev. Teri Johnson

Visez le firmament, car votre âme est parsemée d'étoiles. Rêvez passionnément, car le rêve précède l'accomplissement.

Pamela Vaull Starr

Les A.I.L.E.S.

Comme beaucoup d'autres filles, j'ai grandi en me sentant très peu sûre de moi. Je doutais de mes aptitudes, de ce que l'avenir me réservait et de ce que je valais. J'obtenais de bonnes notes à l'école, mais je me disais que c'était la chance. Je me faisais facilement des amis, mais j'avais peur qu'ils finissent par me délaisser lorsqu'ils me connaîtraient mieux. Quand les choses allaient bien, je croyais que c'était parce que j'étais à la bonne place au bon moment. Je n'arrivais même pas à accepter les félicitations et les compliments.

Les choix que je fis à l'époque traduisent l'image que j'avais de moi-même. Adolescente, l'homme que j'attirai avait comme moi une piètre image de lui-même. Malgré son tempérament violent et nos relations extrêmement cahoteuses, je décidai de l'épouser. Je me souviens encore de mon père qui me chuchota à l'oreille, tandis que nous descendions l'allée vers l'autel :

— Ce n'est pas trop tard pour changer d'idée, Sue.

Ma famille savait que je faisais une erreur monumentale en épousant cet homme. Et il me fallut quelques semaines seulement pour m'en rendre compte également.

La violence physique dura plusieurs années. Je fus blessée gravement à quelques reprises, couverte d'ecchymoses la plupart du temps et hospitalisée à de nombreuses occasions. Notre vie devint peu à peu un tourbillon de sirènes d'ambulance, de rapports médicaux et de comparutions devant les tribunaux. Pourtant, je finissais toujours par retourner auprès de cet homme, espérant que les choses s'améliorent.

Après la naissance de mes deux filles, il y eut des moments où la seule chose qui me permettait d'arriver au lendemain était leurs petits bras potelés accrochés autour de mon cou, leurs joues rondes pressées contre les miennes et leurs voix angéliques qui disaient :

— Ça va aller, maman. Tout va s'arranger.

Moi, cependant, je savais que rien ne s'arrangerait. Il fallait que j'apporte des changements à ma vie, sinon pour moi-même, du moins pour protéger mes deux fillettes.

Un jour, il se passa quelque chose qui me donna le courage de changer : j'assistai à une série de séminaires sur le développement professionnel. Dans l'un de ces séminaires, la conférencière parla de la réalisation de nos rêves. C'était difficile pour moi de rêver ne serait-ce qu'à un avenir meilleur. Toutefois, son message m'atteignit.

La conférencière nous demanda de réfléchir à deux questions :

— Si vous pouviez être, faire ou avoir tout ce que vous vouliez et que vous étiez certains de ne pas échouer, que choisiriez-vous ?

Puis :

— Si vous pouviez créer la vie dont vous rêvez, quelle serait-elle ?

Dès cet instant, mon existence changea : *je commençai à entretenir des rêves*.

Je me figurai que j'avais le courage de déménager en appartement avec mes enfants et de recommencer à zéro, m'imaginant la meilleure vie que nous aurions, les filles et moi. Je rêvai de devenir une conférencière de motivation qui inspirerait les gens de la même façon que cette conférencière m'avait inspirée. Et je me vis en train d'écrire mon histoire pour encourager les autres.

Je poursuivis donc ma démarche en me construisant une image très détaillée de ma nouvelle réussite. Je me voyais monter à bord d'un avion, vêtue d'un tailleur rouge et tenant un attaché-case en cuir. Cette image tranchait énormément avec ce que j'étais à l'époque, incapable de me payer un simple tailleur.

Or, je savais que si je devais nourrir un rêve, je devais également penser aux moindres détails afin de rendre mon rêve plus concret pour mes cinq sens. J'allai donc dans une boutique de cuir et me regardai dans un miroir, un attaché-case à la main. Quelle allure aurais-je si je réalisais mon rêve ? Comment me sentirais-je ? Au fait, qu'est-ce que ça sent, le cuir ? J'essayai aussi quelques tailleurs rouges et trouvai même dans un magazine la photo d'une femme en tailleur rouge transportant un attaché-case et montant à bord d'un avion. J'accrochai la photo à un endroit bien visible et la regardai tous les jours. Cela m'aidait à entretenir mon rêve.

Bientôt, les choses se mirent à changer. Je déménageai avec les enfants dans un petit appartement. Avec seulement quatre-vingt-dix-huit dollars par semaine, nous mangions beaucoup de beurre d'arachide et je conduisais un vieux tacot. Pour la première fois depuis la naissance de mes filles, toutefois, nous nous sentions libres et en sécurité. J'investis beaucoup d'énergie dans mon travail de représentante de commerce et me concentrai sans relâche sur mon « rêve impossible ».

Puis, un jour, le téléphone sonna. On m'appelait pour me demander de prononcer une conférence à l'occasion du congrès annuel de l'entreprise où je travaillais. J'acceptai. Ma conférence fut un succès. Elle me permit d'être promue d'un poste à l'autre et, finalement, au poste de directrice nationale de la formation des représentants. Plus tard, je mis sur pied mon propre service de conférences et je voyageai un peu partout à travers le monde. Mon rêve impossible s'était réalisé.

Pour réussir, je pense qu'on doit déployer ses A.I.L.E.S. : croire en ses A*ptitudes*, faire confiance en son I*nstinct*, L*ibérer* et nourrir son esprit, entretenir des E*spérances* et élaborer ses propres S*tratégies*. Alors seulement peut-on réaliser ses rêves les plus fous.

Sue AUGUSTINE

Grand-maman Moses et moi

« Je suis trop vieille. Il est trop tard », me répétais-je. J'étais démoralisée et épuisée lorsque mon mariage et ma carrière d'avocate prirent tous deux fin en même temps. Je désirais devenir écrivain, mais je doutais de ma capacité de réussir dans cette voie. Avais-je gaspillé tant d'années à poursuivre les mauvais objectifs ? Mon moral était donc à zéro lorsqu'on commença à raconter à la radio l'histoire suivante.

Ann Mary Moses avait quitté la maison à l'âge de treize ans, mis au monde dix enfants et trimé dur pour élever les cinq qui avaient survécu. À peine capable de subvenir aux besoins de sa famille, elle avait néanmoins réussi à embellir son existence en faisant de la broderie. À soixante-dix-huit ans, ses doigts trop raides ne lui permirent plus de tenir une aiguille. Plutôt que de s'avouer vaincue, elle commença à peindre. Sur des panneaux d'aggloméré, elle peignit des scènes détaillées et colorées de la vie de campagne. Pendant les deux premières années, elle donnait ses tableaux ou les vendait pour se procurer un peu d'argent. À l'âge de soixante-dix-neuf ans, toutefois, le monde des arts la « découvrit ». La suite de l'histoire, vous la devinez probablement déjà : elle produisit plus de deux mille tableaux et termina à l'âge de cent ans les illustrations du livre *'Twas the Night Before Christmas* ! (C'était la veille de Noël !)

En écoutant la radio, mon humeur changea. Si Grand-maman Moses avait réussi une nouvelle carrière à un âge si avancé, j'avais sûrement, à trente ans, des raisons d'espérer. Avant la fin de l'émission, je me précipitai à mon ordinateur pour travailler sur le roman que j'avais abandonné. Il fut publié huit mois plus tard.

Liah KRAFT-KRISTAINE

Nous sommes tous ici pour apprendre

L'avenir appartient à ceux qui croient en la beauté de leur rêve.

Eleanor ROOSEVELT

— Seize, répondis-je.

J'ai oublié la question de mathématiques que me posa ce jour-là mon institutrice, Joyce Cooper, mais je n'oublierai jamais ma réponse. Dès que ce nombre sortit de ma bouche, toute la classe éclata d'un rire qui fit vibrer les murs de l'école primaire Smallwood. J'eus l'impression d'être la fille la plus stupide du monde.

Mme Cooper regarda les élèves d'un œil sévère :

— Nous sommes tous ici pour apprendre.

Une autre fois, Mme Cooper nous demanda d'écrire une composition sur ce que nous espérions faire dans la vie. J'écrivis :

— Je veux être institutrice comme Mme Cooper.

Elle nota sur ma composition :

— Tu serais une institutrice remarquable, car tu es déterminée et travailleuse.

Ces mots restèrent gravés dans mon cœur tout au long des vingt-sept années qui suivirent.

Après l'obtention de mon diplôme d'études secondaires en 1976, j'épousai un homme merveilleux, Ben, mécanicien de son métier. Peu de temps après, nous eûmes une fille, Latonya.

À cette époque, nous arrivions tout juste à boucler les fins de mois. Les études universitaires (qui me permettraient de devenir institutrice) étaient donc impensables. Je finis toutefois par me trouver un emploi dans une école, mais comme concierge auxiliaire. Je nettoyais chaque jour dix-sept salles de classe de l'école primaire Larrymore, y compris celle de Mme Cooper. Elle avait été transférée à Larrymore après la fermeture de l'école Smallwood.

Parfois, je redisais à Mme Cooper à quel point j'avais encore le désir d'enseigner et elle me répétait les mots qu'elle avait écrits sur ma composition des années auparavant. Cependant, nos obligations financières faisaient toujours obstacle.

Un jour de 1986, je repensai à mon rêve, à mon profond désir d'aider les enfants. Pour y parvenir, toutefois, je devais arriver à l'école le matin pour enseigner, non pas l'après-midi pour balayer.

J'en parlai longuement avec Ben et Latonya, puis nous prîmes la décision suivante : je m'inscrirais à l'université Old Dominion. Pendant sept ans, je suivis des cours le matin avant d'aller travailler. Lorsque je rentrais à la maison le soir, j'étudiais. Les jours où je n'avais pas de cours, je travaillais comme assistante pour Mme Cooper.

À certains moments, je me demandais si j'aurais la force de continuer. Lorsque j'eus mon premier échec à un cours, j'annonçai à mon entourage que j'allais abandonner. Toutefois, ma petite sœur Helen ne voulait rien entendre. Elle disait :

— Tu veux enseigner ! Si tu abandonnes, tu ne réaliseras jamais ton rêve.

Helen en savait long sur la détermination ; elle lutta longtemps contre le diabète. Lorsqu'une de nous deux était déprimée, elle disait :

— Tu vas y arriver. *Nous* allons y arriver.

En 1987, à l'âge de vingt-quatre ans seulement, Helen mourut des suites d'une insuffisance rénale causée par son diabète. Maintenant, il ne tenait qu'à moi de réussir pour nous deux.

Le 8 mai 1993, mon rêve se concrétisa enfin : je reçus le diplôme universitaire et le brevet d'enseignement qui me consacraient officiellement institutrice.

Je passai des entrevues dans trois écoles. À l'école primaire Coleman Place, la directrice, Jeanne Tomlinson, me dit :

— Votre visage me dit quelque chose.

Elle avait travaillé à Larrymore plus de dix ans auparavant. J'avais nettoyé sa classe et elle se souvenait de moi.

Dans les semaines qui suivirent, cependant, je ne reçus aucune offre d'emploi. La bonne nouvelle me parvint un peu plus tard, alors que je venais tout juste de signer mon quinzième contrat comme concierge auxiliaire : l'école Coleman Place m'offrait un poste d'institutrice.

Peu de temps après mes débuts comme institutrice, un événement se produisit qui fit monter en moi des souvenirs lointains. J'avais écrit au tableau une phrase bourrée de fautes, puis j'avais demandé à des élèves de venir les corriger.

Une petite fille corrigea la moitié des fautes, s'embrouilla et fut incapable de continuer. Lorsque les autres enfants se mirent à rire, elle éclata en sanglots. Je la serrai dans mes bras et lui suggérai d'aller boire un peu d'eau. Puis, me rappelant Mme Cooper, je regardai les élèves sévèrement et leur dis :

— Nous sommes tous ici pour apprendre.

Charles SLACK

Une chambre pour soi

Lorsque j'étais toute jeune, le roman *Une chambre pour soi*, de Virginia Woolf, m'incita à chercher mon propre lieu de paix et de solitude. Mon âme se languissait de posséder un jour un bout de terre sur les rives d'un lac, où je pourrais respirer l'odeur des pins, écouter le vent dans les feuilles, contempler les reflets de l'eau et poursuivre mon rêve de devenir écrivain.

Plus tard, je finis par écouter mon cœur : je décidai de quitter ma carrière d'avocate pour écrire des livres. Bientôt, l'écriture me permit presque de payer l'épicerie. Mes livres se vendaient de mieux en mieux et je recevais de plus en plus d'invitations à prononcer des conférences. Le printemps arrivait et je me sentais d'attaque.

Depuis un an, je faisais des versements sur l'achat d'un magnifique terrain situé au bord du lac Oconee. L'acquisition de ce terrain avait été un formidable coup de chance : je l'avais eu pour une bouchée de pain, car personne n'avait semblé se rendre compte de la véritable valeur de cet emplacement. J'avais monté ma tente là-bas et j'adorais dormir toute seule dans mon petit paradis à moi. Toutefois, j'étais maintenant prête à passer à l'étape suivante. Je n'avais pas d'économies et j'étais incapable d'obtenir un prêt, mais j'étais résolue à me construire une maison, un chez-moi.

Mais comment ? À part l'agent immobilier qui m'avait vendu le terrain, je ne connaissais absolument personne dans les environs. Je ne savais rien sur les permis qu'il fallait se procurer, ni sur les lois de la région. Et je ne connaissais rien au domaine de la construction. Tout ce que j'avais, c'était le désir ardent de faire mon nid. Je recueillis les noms de quelques charpentiers à la quincaillerie du coin, téléphonai à quelques-uns et en trouvai deux qui se montrèrent intéressés. Nous débattîmes le taux horaire, car je n'avais aucune idée du travail à faire.

À partir du plan de la maison, j'estimai la quantité de bois qu'il fallait. Puis je retins mon souffle jusqu'à ce qu'on le livre, car j'avais peur d'avoir commandé la mauvaise quantité. La première journée, je creusai des trous, coulai du béton, sciai du bois pour les murs et utilisai mon nouveau marteau pendant onze heures d'affilée. Les ampoules qui apparurent sur mes mains devinrent bientôt une partie intégrante du projet.

Lorsque la charpente des deux étages et demi de la maison fut érigée, ma joie se mêla de crainte : j'avais horriblement peur des hauteurs. Toutefois, lorsque les charpentiers eurent besoin de moi sur l'échafaud pour poser les poutres du toit, je refoulai ma nausée et me mis au travail. Personne ne sut ce que je venais de vaincre. Ma phobie disparut à jamais.

Cinq jours après le début des travaux, le toit était installé. Même sans fenêtres ni murs, la maison avait déjà l'air d'un endroit qui pouvait m'abriter à tout le moins de la pluie. Puis, dans l'exaltation du moment, je transportai mon sac de couchage dans la maison, au milieu des planches et de la sciure de bois, et je restai sans bouger, seule, impressionnée, satisfaite et courbaturée.

Pendant les mois qui suivirent, chaque fois que j'avais un peu de temps et d'économies, je continuai la construction de la maison. Je montai les murs et posai vingt-sept fenêtres en apprenant sans cesse à mieux faire les choses. Peu importe où je me trouvais et ce que je faisais, j'étais toujours en train de réfléchir aux prochaines étapes et de les planifier. C'était une obsession, mais une extraordinaire obsession.

Puis arriva le moment où je devais installer l'eau courante et l'électricité, deux tâches très délicates. Comme je n'avais pas les moyens d'embaucher des professionnels, j'achetai des livres sur le sujet et les étudiai pendant des mois avant d'oser entreprendre quoi que ce soit.

Une fois l'électricité et l'eau terminées, l'inspecteur de la région approuva les travaux, mais je savais que cette approbation ne garantissait pas que les tuyaux allaient supporter la pression de l'eau. Pour en être certaine, je devais ouvrir les robinets. Si j'avais fait d'énormes erreurs, je le saurais bien assez vite.

J'ouvris donc la valve à l'extérieur de la maison puis me précipitai à l'intérieur pour voir si les tuyaux coulaient. Je longeai chaque mur très lentement, à l'affût de bruits suspects. Ne pouvant contenir ma joie, j'ouvris tous les robinets de la maison en riant aux éclats. C'était un miracle d'avoir de l'eau courante pour la première fois depuis le début de la construction, un an auparavant. Et dire que je connaissais les moindres raccords en *L* et en *T* de la maison, puisque je les avais moi-même installés !

Lorsque mon revenu augmenta, j'eus l'argent qu'il fallait pour faire installer la fosse septique et les conduits en pierres sèches par des professionnels. Trois jours avant Pâques, soit un an et huit mois après avoir creusé le premier trou sur mon terrain, je posai le dernier carreau sur le plancher de la cuisine. Mon père et ma belle-mère vinrent partager avec moi le dîner pascal, le tout premier repas cuisiné dans mon minuscule four flambant neuf, et nous célébrâmes l'obtention de mon permis d'occupation émis par l'inspecteur. Pendant que nous contemplions le lac étincelant que séparaient de nous les gracieux pétales blancs des cornouillers, mon cœur était si comblé qu'aucun mot ne pouvait exprimer mon bonheur.

Mon rêve et moi avons grandi ensemble. Tout comme ma maison, je reste en perpétuelle évolution. Le petit refuge dont je rêvais est devenu une maison avec gloriette et terrasse où je peux écrire et créer. J'ai enfin mon nid, mon lieu de retraite et de réconfort.

J'ai appris à réaliser un rêve en assemblant chacun de ses morceaux pour en faire un tout, à apprécier les moindres avantages et commodités, à persévérer lorsque rien ne va plus, à construire plutôt qu'à blâmer. Cette aventure donnera le ton au reste de mon existence, car je nourris d'autres rêves et j'en commence la réalisation.

Liah KRAFT-KRISTAINE

Ma rencontre avec Betty Furness

La chance cache souvent un travail acharné ; c'est pourquoi la plupart des gens sont incapables de la saisir.

Ann LANDERS

C'était en 1964, l'année où la convention démocrate envahit les célèbres promenades d'Atlantic City en même temps que les touristes.

À l'époque, je travaillais comme serveuse dans un grill-room populaire, en plus d'élever cinq enfants et d'aider mon mari à gérer notre toute nouvelle entreprise – un hebdomadaire de quartier. On peut donc aisément imaginer qu'en dépit de l'effervescence touristique et de mon sac à main débordant de pourboires, j'étais franchement fatiguée et impatiente que tout cela se termine.

Un soir, je m'approchai sans grand enthousiasme de la cliente qui venait de s'asseoir à une des tables que je servais. Elle était plus mince et menue que dans mon souvenir, à l'époque où elle ouvrait et fermait des portes de réfrigérateurs dans les annonces publicitaires qu'elle faisait pour Westinghouse dans les années 1950, mais sa voix enjouée et tranchée ne trompait pas. Cette cliente qui allait manger seule était Betty Furness.

Son attitude chaleureuse et amicale fit vite fondre l'intimidation que je ressentis à l'idée de servir une célébrité. J'appris qu'elle se trouvait à Atlantic City dans le but de couvrir la convention démocrate d'un point de vue féminin pour son émission radiophonique quotidienne. Lorsque je lui apportai la facture, je pris mon courage à deux mains et lui demandai une interview pour notre petit journal de quartier. Elle accepta en m'invitant à dîner.

En me rendant à son motel, deux jours plus tard, j'étais à la fois exaltée par ma chance et nerveuse à l'idée d'interviewer une femme qui, à une époque, avait reçu mille trois cents lettres par semaine de ses admirateurs.

J'en savais déjà pas mal sur elle. Mannequin pour la célèbre agence Powers à l'âge de quatorze ans et actrice de cinéma à seize ans, elle avait ensuite eu beaucoup de succès au théâtre. Toutefois, on la connaissait surtout pour sa brillante carrière dans la vente aux États-Unis. Le nom de Betty Furness était aussi notoire dans les foyers américains que Westinghouse et son émission télévisée « Studio One ».

J'eus donc beaucoup de mal à comprendre le commentaire qu'elle fit durant l'interview qu'elle m'accorda, bien que je n'hésitasse pas à m'en servir en manchette de notre journal : « *Je ne ferai plus jamais d'annonces publicitaires pour la télévision, aussi longtemps que je vivrai.* »

Elle m'expliqua qu'en refermant pour la dernière fois une porte de réfrigérateur dans une annonce publicitaire en 1960, elle était résolue à se tailler une nouvelle carrière dans un autre domaine : les médias.

— Je sais que le monde est déjà plein d'informations et de journalistes, mais je veux faire partie de ce secteur, me dit-elle.

Pourtant, lorsqu'elle travailla pour CBS News, on lui répéta souvent que techniquement parlant, elle n'était pas reporter.

— Je veux désespérément l'être, mais les médias et le public refusent de prendre au sérieux mon désir de faire du journalisme.

Son histoire trouva un écho en moi. Tout le monde me voyait comme une « simple serveuse », pas comme un écrivain.

— Un écrivain, c'est quelqu'un qui écrit, disait-on autour de moi.

Je me demandais si j'allais un jour trouver l'argent, le temps, la force et la persévérance qu'il fallait pour devenir ce que je voulais : quelqu'un comme cette femme qui avait derrière elle quatre carrières des plus enviables et qui cherchait maintenant une autre façon de se réaliser.

Cependant, ce fut dans les mots que Betty prononça à la fin de notre interview que je découvris sa pleine mesure, les « dimensions réelles » de sa personnalité :

— *Une seule philosophie a gouverné toute ma vie : il faut bien faire n'importe quel travail que l'on fait et l'on finit par tomber sur des occasions propices à la réalisation d'un rêve.*

Au cours des années qui suivirent cette merveilleuse rencontre avec Betty, j'observai comment elle vivait sa philosophie. Peu de temps après la convention, grâce à sa seule volonté et à son attitude positive, elle commença une nouvelle carrière pleine de défis comme adjointe spéciale à la consommation auprès de Lyndon Johnson. Ensuite, elle devint directrice de l'Office de protection des consommateurs pour l'État de New York et commissaire à la consommation pour cette ville. Lorsque j'appris la nouvelle, je me rappelai sa philosophie et lui souhaitai bonne chance.

Plus tard, je la regardai chaque soir à la télévision ; elle était la toute première reporter qui s'occupait des questions de consommation à la télévision. Je me mis à rire en trouvant qu'elle avait bien raison lorsque je vis son reportage sur les fabricants de draps qui produisaient des draps-housses toujours mal ajustés aux matelas. Son reportage sur les ingrédients réels des médicaments sans ordonnance m'intéressa également beaucoup. L'un de ses derniers reportages fut aussi très apprécié : elle y expliquait comment survivre dans les hôpitaux alors qu'elle-même était hospitalisée la moitié du temps pour des traitements contre le cancer.

Au fil des ans, je continuai de réfléchir aux paroles qu'elle avait prononcées lors de notre entretien et que j'avais collées sous sa photo autographiée. Des choses étonnantes se produisirent dans ma vie grâce à sa philosophie que le mythologue Joseph Campbell formula d'ailleurs autrement, un peu plus tard :

— *Suivez votre chance divine et des portes s'ouvriront là où il n'y avait aucune porte auparavant.*

Ainsi, j'en vins peu à peu à adorer des postes que je n'avais jamais pensé occuper ou dont je n'avais jamais voulu. Des voies inattendues me conduisirent à des endroits dont je n'avais jamais rêvé. De fil en aiguille, occasion propice après occasion propice, je commençai à croire en la possibilité de réaliser mes rêves. De la serveuse que j'étais, je devins responsable de la salle à manger du grill-room, puis directrice des relations publiques dans un hôpital. De la journaliste-reporter que j'étais, je devins directrice adjointe de quelques magazines, puis consultante en rédaction, puis formatrice de niveau international. Enfin, je réalisai mon rêve de devenir un écrivain professionnel.

Le jour où je lus la notice nécrologique de Betty, on disait qu'elle était, à soixante-seize ans, la « plus vieille reporter travaillant à la télévision ». En lisant des articles sur sa vie et sur ses réalisations, je me rappelai l'interview qu'elle m'avait accordée et au cours de laquelle elle m'avait confié le secret de sa réussite. Ce jour-là, je n'avais pas idée du magnifique cadeau que me donnait cette femme généreuse qui avait deviné ma frustration.

À l'époque où je l'avais rencontrée, en effet, je me sentais dépassée et déçue de ne pas avoir la vie que je désirais. Pourtant, n'étais-je pas tombée sur l'occasion d'interviewer Betty Furness ? *Il faut bien faire n'importe quel travail que l'on fait et l'on finit par tomber sur des occasions propices à la réalisation d'un rêve.*

Oui, au fil des ans, nous avons poursuivi nos rêves, chacune de notre côté, et des occasions propices se sont présentées. Il a fallu du talent, de l'instinct, de la détermination, certes, mais il a également fallu une foi inébranlable en notre capacité de nous réinventer.

Et tout cela a commencé ce jour-là, dans les rues d'Atlantic City. J'avais pris une bonne respiration et j'avais plongé dans la foule en laissant de côté mes idées négatives et en me concentrant sur l'article que j'allais écrire le soir même sur Betty Furness. Il me restait toutefois un travail à bien faire : servir un repas à quelques-uns des quatorze mille démocrates qui avaient envahi la ville.

Barbara HAINES HOWETT

8
La vieillesse

*Vieillissons ensemble,
car le meilleur reste à venir…*

Robert BROWNING

Les grands-mamans dansantes

Dès que vous vous sentirez trop vieux pour faire quelque chose, faites-le !

Margaret DELAND

Très peu de gens savent comment être vieux.

LA ROCHEFOUCAULD

On n'arrête pas de rire parce que l'on vieillit ; on vieillit parce que l'on arrête de rire.

Michael PRITCHARD

Il y a douze ans, alors que j'avais cinquante ans, je me demandais : « Comment ce sera lorsque j'aurai soixante ans ? soixante-dix ans ? » Quand je regardais autour de moi, on aurait dit qu'il existait une seule façon de vivre la vieillesse. « C'est injuste, songeais-je. Les jeunes ont le choix parmi plusieurs styles de vie : ils peuvent vivre en "yuppies", en "hippies" ou encore en "gens ordinaires", comme je les appelle. Mais les gens plus âgés, eux, semblent tous avoir le même style de vie qui ne semble guère amusant. Ils ne donnent pas l'impression de jouir de la vie. Beaucoup de gens (dont moi) n'aiment pas se voir vieillir. » Pour ma part, à cinquante ans, je détestais mon physique et je voyais bien que ma vivacité diminuait peu à peu. En fait, j'avais l'impression d'être aussi peu sûre de moi qu'une adolescente !

Je décidai donc de me prendre en main et d'agir. Je me remis en forme en suivant des cours de conditionnement physique. Quelques années plus tard, mon mari et moi déménageâmes dans un village de retraités et je voulus donner des cours d'aérobie. Comme le centre communautaire refusait de mettre une salle à ma disposition, je cherchai ailleurs pour trouver un local disponible.

Un jour, le personnel du centre communautaire me téléphona pour me demander si j'étais disposée à animer un banquet en plein air de type hawaïen. J'acceptai. (Je suis comme ça : je dis oui d'abord, je réfléchis ensuite !) Je proposai alors à cinq autres femmes de se joindre à moi pour préparer une danse. « Difficile le hula ? me demandai-je. Bof, il suffit de se déhancher ! » Nous dansâmes donc le hula en chantant un air guerrier. Nous fîmes un tabac. Un spectateur qui avait pris des photos les envoya au journal local. Nous fûmes alors invitées à présenter de nouveau notre spectacle, ce qui donna lieu à plus de publicité et à d'autres invitations. Des propositions arrivèrent bientôt de tous les coins du pays. Les « Grands-mamans dansantes » venaient de naître !

Une chose nous attristait, cependant : nos familles et nos pairs manifestaient beaucoup de réticence. Les femmes de notre âge se montraient dégoûtées de nous voir danser en justaucorps et répétaient la même chose que nos propres enfants : « Elles retombent en enfance. » Que voulaient-elles dire ? Qu'il fallait plutôt rester assises à se plaindre et à se bercer ? Non, merci. (Curieusement, ils virent la situation d'un tout autre œil lorsque la Maison-Blanche nous invita à présenter notre spectacle devant le président Bush, sa femme et leurs invités...)

Souvent, nous fûmes victimes de préjugés à cause de notre âge, en particulier de la part des jeunes qui entretiennent des idées préconçues à l'endroit des personnes âgées. Une fois, par exemple, nous avions été invitées à présenter notre spectacle dans une université du Wisconsin et il avait été convenu que nous logerions dans les dortoirs. Eh bien ! les étudiants avaient démonté leurs lits superposés ! Ils étaient sûrement convaincus que les grands-mères que nous étions seraient incapables de monter sur le lit du dessus ou risquaient d'en tomber.

Par ailleurs, notre spectacle n'était pas toujours parfaitement rodé. Notre première participation à une parade, par exemple, fut une véritable catastrophe ! J'avais préparé un numéro de danse où nous arrivions habillées en vieilles grands-mères, vêtues de robes informes et coiffées d'un filet à cheveux, pour ensuite enlever nos robes et enfiler des chapeaux et des gants, nous transformant en grands-mères « fringantes ». Mauvaise idée ! Avez-vous déjà essayé de changer de vêtements et de danser tout en avançant au même rythme qu'une parade ? Sans compter qu'au fur et à mesure que nous avancions, les gens qui nous voyaient en vieilles grands-mères et ceux qui nous voyaient en grands-mères fringantes n'étaient pas les mêmes ; donc, personne ne comprit le sens de notre chorégraphie. Finalement, tout ce que nous réussîmes à faire, c'est changer de vêtements en essayant de rattraper la parade. Et les spectateurs adorèrent !

Les gens sont époustouflés de l'effort physique qu'exige notre routine. Nous faisons des grands écarts, des roues, des pompes (*push-ups*) sur un seul bras, des saltos et des coups de pied en hauteur. Celle qui réussit les plus belles roues est âgée de soixante-douze ans.

Au-delà de tout cela, je crois que le véritable secret des Grands-mamans dansantes réside dans notre attitude.

J'ai grandi dans une famille très pauvre qui avait du mal à joindre les deux bouts. Si nous voulions des jouets, nous devions les fabriquer. J'ai donc appris très tôt à faire preuve de créativité. En fait, je pense que la pauvreté m'a été profitable : j'ai toujours vécu en sachant voir la beauté dans la moindre chose.

J'ai encore la même attitude aujourd'hui : je vois la beauté de la vieillesse. Je m'améliore sans cesse. Certes, je n'ai encore entendu personne dire : « Comme j'ai hâte d'être vieux ; ça semble formidable ! », mais il reste que la vieillesse peut réellement l'être. L'espérance de vie augmente ; nous vivons de plus en plus vieux dans un monde radicalement différent. Lorsque j'étais enfant et que j'allais en visite chez ma grand-mère, on me disait :

— Fais attention aux bibelots de mémé. Ne touche à rien. Reste tranquille.

Aujourd'hui, lorsque mes petits-enfants viennent me voir, ils aiment me mettre à l'épreuve et me lancer des défis. Je me dis : « Je ne laisserai pas ces petits chenapans avoir le dessus sur moi. » Et Dieu que nous avons du plaisir !

Il est vrai qu'on doit traiter les antiquités avec un peu plus d'égard et d'attention, mais il ne faut pas oublier qu'elles conservent une beauté qui leur est propre.

Beverly GEMIGNIANI
avec la collaboration de Carol KLINE

Histoire d'amour moderne pour gens de soixante-dix ans et plus

La vieillesse n'empêche pas un cœur d'aimer, mais d'une certaine façon, aimer empêche de vieillir.

Jeanne MOREAU

Il était là, grand, beau et âgé de soixante et onze ans. Moi, j'avais presque soixante-dix ans et la vue de son visage bouleversa mon cœur.

Nous nous trouvions dans un petit hôpital de l'Iowa et nous attendions tous deux de rencontrer le même médecin. Assis côte à côte, nous feuilletâmes des magazines, mais je ne me rappelle pas avoir lu une seule ligne. Une heure plus tard, au centre commercial, je fus étonnée de le voir attendre au comptoir des ordonnances de la pharmacie tandis que, moi, je venais parler au pharmacien. Je me bornai à dire :

— Je crois qu'on devrait cesser de se rencontrer ainsi.

Il me répondit avec courtoisie, mais je sus plus tard qu'il ne m'avait pas remarquée lors de notre première rencontre !

Il s'appelait Bill. Pendant que nous bavardions, quelle ne fut pas ma surprise d'apprendre que ce séduisant étranger était le père de l'institutrice de la maternelle de ma petite-fille. Son propre petit-fils était dans la classe de ma petite-fille et il semble que les deux enfants avaient tendance à se tenir ensemble.

Comme moi, il avait déménagé en Iowa pour se rapprocher de ses enfants et de ses petits-enfants. Comme moi, il avait laissé derrière lui un mariage malheureux et, en un sens, il voulait repartir de zéro.

Plus je découvrais cet homme, plus il m'intriguait. Il avait lui-même bâti sa maison en respectant des principes stricts en matière d'environnement. Il était artiste et professeur d'histoire de l'art. Pendant la guerre, il s'était fait objecteur de conscience. Bref, plus j'en apprenais sur lui, plus je sentais que nous partagions les mêmes valeurs.

Après quelques conversations au téléphone, nos deux familles se rencontrèrent à l'occasion d'un spectacle sur la grande place. Ma fille avait insisté pour que je fasse des biscuits et il semble que ce jour-là, ils étaient particulièrement réussis.

Un jour, Bill me téléphona pour s'excuser de ne pas m'avoir raccompagnée chez moi la veille. Je le rassurai en lui disant que j'étais une femme émancipée qui n'avait nul besoin de se faire ainsi dorloter, mais il répliqua :

— Non, ce que je veux dire, c'est que si je t'avais raccompagnée, j'aurais eu la chance de t'embrasser en te souhaitant bonne nuit.

On dit que tout est une question de moment. Eh bien, j'avais passé les derniers temps à m'occuper d'une femme atteinte de la maladie d'Alzheimer et j'étais justement prête à passer à autre chose. Aussi, j'habitais temporairement un logement exigu avec mon fils et sa famille, et je songeais à me trouver une chambre à louer. J'allai donc m'installer chez Bill. Après quelques jours, il me dit :

— Ce serait amusant de cultiver un jardin ensemble.

Cela signifiait que nos vies commençaient à s'entrelacer. J'étais au comble du bonheur d'entendre ces mots.

Peu après, avec charme et délicatesse, Bill me proposa de l'épouser afin de préserver ma réputation aux yeux de la très petite communauté que le village de retraités formait. Je lui répondis que je me fichais des apparences. Après quelques semaines de pur bonheur au quotidien, alors que je me trouvais assise sur ses genoux, il me regarda, sourit et dit avec douceur :

— Ce serait amusant de préparer ensemble notre mariage.

J'ignorais que mon cœur pouvait se gonfler ainsi de bonheur. Comment pouvais-je lui dire non ?

Nous planifiâmes donc notre mariage, qui eut lieu un délicieux soir de pleine lune du mois de juin. Les gens qui voulaient assister à notre mariage étaient si nombreux que nous dûmes publier une annonce dans le journal local. Dans l'annonce, nos quatre petits-enfants invitaient tout le monde à se joindre à eux pour célébrer l'union de leurs grands-parents.

Lors de l'échange des vœux, je déclarai :

— Ma vie entière m'a préparée pour vivre ce moment magique.

Je crois vraiment que rien n'était arrivé en vain.

Bill et moi nous étions rencontrés à une étape de notre vie où nous avions tous les deux « accompli notre devoir ». Nous avions connu des moments de bonheur et de désespoir dans nos vies, et nous arrivions enfin à quelque chose qui ressemblait à la paix intérieure, à l'autonomie et, même, à l'appréciation de soi.

Quand je pense à notre amour, je me rappelle ces mots que j'ai lus un jour :

Je dois conquérir seul ma solitude.
Je dois vivre en harmonie avec moi-même,
sinon je n'ai rien à offrir.
Deux moitiés n'ont d'autre choix que de s'unir ;

Et oui, il est vrai qu'elles forment alors un tout.
Mais lorsque deux entités viennent à se rencontrer...
On appelle cela la beauté. On appelle cela l'amour.

Lillian DARR

9
La sagesse

*Les miracles sont naturels ;
lorsqu'ils ne se produisent pas,
c'est qu'il manquait quelque chose.*

Helen SCHULMAN

La pierre précieuse d'une sage

Un jour, une vieille sage qui se promenait dans les montagnes trouva une pierre précieuse au pied d'une cascade. Le lendemain, elle rencontra un voyageur qui avait faim et partagea avec lui la nourriture qu'elle avait dans son sac. Le voyageur affamé vit la pierre précieuse dans le sac entrouvert de la vieille sage, l'admira et demanda à la sage de la lui donner. La femme lui tendit la pierre sans aucune hésitation.

Le voyageur repartit, heureux de sa bonne fortune. Il savait que la pierre valait assez pour le faire vivre durant toute sa vie.

Quelques jours plus tard, cependant, il revint dans les montagnes à la recherche de la vieille sage. Lorsqu'il la trouva, il lui remit la pierre et dit :

— J'ai réfléchi. Je sais combien vaut cette pierre, mais je vous la redonne dans l'espoir que vous m'offriez quelque chose de plus précieux encore. Si vous le pouvez, donnez-moi ce que vous avez en vous qui vous a permis de me donner la pierre.

The Best of Bits & Pieces

Let it Be

Le matin du 13 mai 1993, j'étais au téléphone lorsque ma secrétaire me tendit une note disant que ma sœur Judy attendait sur l'autre ligne. Je me rappelle avoir trouvé étrange qu'elle ne laisse tout simplement pas un message, mais j'appuyai sur le bouton de l'appareil et lui dit gaiement :

— Bonjour !

Ma sœur pleurait comme une Madeleine à l'autre bout du fil, incapable de retrouver son calme pour me parler. Durant ce court instant, toutes sortes de drames me passèrent par la tête. Était-il arrivé quelque chose à tante Chris ou oncle Leo, nos parents adoptifs maintenant âgés de plus de quatre-vingts ans ? À moins que ce ne fût le mari de Judy qui était en voyage d'affaires ; mon Dieu, j'espérais qu'il ne lui était rien arrivé ! Mais peut-être ne s'était-il rien passé de grave pour Judy, seulement un incident fâcheux au travail.

Rien n'aurait pu me préparer à la mauvaise nouvelle qu'elle m'annonça finalement :

— Oh ! Sunny, notre Tommy vient d'être tué dans un accident de voiture ce matin.

C'était impossible ! Tommy, notre neveu bien-aimé, le seul fils de Judy, terminait tout juste son avant-dernier trimestre d'études supérieures à l'université du Missouri. Fort en athlétisme, il avait choisi d'étudier le marketing du sport. Les deux sœurs de Tommy, Jen et Lisa, avaient toujours eu une admiration sans borne pour leur grand frère. Nous adorions *tous* ce grand et beau jeune homme, sa nature rieuse et douce. Tommy avait toute la vie devant lui ; j'avais envie de ne pas croire Judy et de lui demander :

— En es-tu certaine ?

Mais je savais bien que Judy ne m'aurait pas appelée si cela n'avait pas été vrai.

Dans mon souvenir, les quelques jours qui suivirent flottent dans un épais brouillard d'irréalité. Lynn, notre autre sœur, et moi restâmes auprès de Judy et de sa famille. Nous nous accrochions les uns aux autres pour surmonter l'épreuve. J'ignore ce qui faisait le plus mal : la perte de Tommy ou la vue de ma sœur qui se comportait courageusement alors que je savais son monde brisé.

Le jour où nous nous occupâmes des funérailles fut particulièrement pénible. Aucune mère ne devrait avoir à accomplir cette terrible tâche de choisir le cercueil de son enfant. Judy désirait à tout prix voir son fils une dernière fois, lui toucher la main et lui brosser les cheveux, mais le directeur funéraire nous avait dit qu'elle ne pourrait pas le voir. Ses adieux, elle allait devoir les faire à ce cercueil qu'elle avait choisi avec amour.

Le même après-midi, je m'arrêtai devant la maison de ma sœur et je demandai à Tommy de nous envoyer un signe qui nous indiquerait que tout allait bien pour lui... de nous faire savoir qu'il se trouvait en un lieu encore plus merveilleux que la vie que nous avions entrevue pour lui ici-bas.

— Tommy chéri, peux-tu nous faire savoir que tout va bien pour toi ?

Je ne peux pas dire que je croyais réellement en la possibilité de recevoir un « signe ». Toutefois, un cœur brisé par la souffrance cherche le réconfort comme il peut. Puisque l'équipe de base-ball favorite de Tommy était les Cardinals de Saint-Louis, je lui demandai de nous envoyer un cardinal. Lorsque je me remémore ce moment, debout devant cette maison qui évoquait toute l'enfance de Tommy, je me rappelle que tout cela n'était qu'une pensée furtive.

— S'il te plaît, fais-nous savoir que tout va bien pour toi. Le signe qui me l'indiquera, ce sera un cardinal.

Judy voulait que les funérailles qu'elle avait soigneusement organisées donnent lieu à une célébration de la vie de Tommy. À ma demande, elle fit jouer la chanson *Let it Be*, de Paul McCartney, pendant la cérémonie. Ses cousins, pour leur part, servirent la messe et lurent courageusement des passages de la Bible. Le jeune prêtre qui célébra la messe retint ses larmes toute la matinée.

À un moment donné, tandis que le prêtre faisait une pause pour refouler l'émotion, un oiseau se mit soudainement à chanter dehors. Il chanta fort et avec insistance pendant tout le reste de la messe.

Ce fut seulement à la fin de l'après-midi, toutefois, que le message de Tommy se rendit véritablement à nous. Un ami proche de la famille nous téléphona pour dire à quel point la messe avait été belle, puis il dit :

— Lorsque cet oiseau s'est mis à chanter si fort, j'ai tourné la tête et j'ai vu un magnifique cardinal juché sur le bord de la fenêtre de l'église !

J'avais reçu le signe que j'attendais.

Deux semaines plus tard, Paul McCartney arriva en ville pour donner un concert à l'occasion du jour du Souvenir. Comme nous avions déjà acheté des billets pour Tommy et d'autres membres de la famille, nous décidâmes de ne rien changer à nos projets. Le matin du concert, pendant que ma sœur Lynn se préparait à aller travailler en écoutant sa station de radio habituelle, elle entendit deux animateurs parler de l'interview qu'ils espéraient obtenir ce jour-là avec Paul McCartney.

Sans réfléchir, elle fit une chose qui ne lui ressemblait pas du tout : elle téléphona à la station de radio, leur raconta spontanément l'histoire de Tommy et de notre drame, et leur dit que Tommy adorait les Beatles. Pourraient-ils en parler à Paul McCartney ? Les animateurs lui dirent qu'ils ne pouvaient rien lui promettre, mais qu'ils allaient faire de leur mieux.

Ce soir-là, nous nous installâmes pour le concert en plein air. Le temps était clair et froid. Nous nous réchauffions en serrant contre nous nos chandails et en nous blottissant les uns contre les autres. Plus de trente mille personnes s'étaient rassemblées pour entendre la grande star. En guise d'ouverture, Paul McCartney chanta une chanson devant d'immenses images de feux d'artifice. À la fin de cette première chanson, il attendit le silence et dit :

— Maintenant, mesdames et messieurs, voici une chanson dédiée à une famille très spéciale qui est ici ce soir. Il s'agit de la famille de Tommy.

Puis, pour mes deux sœurs, pour mes neveux et mes nièces, ainsi que pour moi, Paul McCartney entonna *Let it Be*.

Pendant que nous nous tenions bras dessus, bras dessous, nos visages ruisselant de larmes, des bougies et des centaines d'autres petites flammes se mirent à scintiller dans la foule. Ce moment était pour nous tous, surtout pour notre Tommy.

K. LYNN TOWSE,
avec la collaboration de Mary L. TOWSE

Nous ne sommes pas seuls

Lorsque mon mari mourut subitement d'une crise cardiaque pendant une partie de tennis, mon univers s'écroula. J'avais alors six enfants âgés de dix ans, neuf ans, huit ans, six ans, trois ans et dix-huit mois. J'étais atterrée à l'idée de devoir, seule, subvenir aux besoins de la famille et prendre soin des enfants. Mais surtout, je ne savais pas comment j'allais faire pour ne pas me laisser engloutir par cette épreuve.

J'eus la chance de dénicher une gouvernante formidable qui s'occupait des enfants durant la semaine, mais du vendredi soir au lundi matin, je me retrouvais seule avec les enfants et, en toute franchise, ce n'était pas facile. Je paniquais au moindre craquement dans la maison, au moindre bruit inhabituel, au moindre appel téléphonique qui résonnait tard le soir. Je me sentais atrocement seule.

Un vendredi soir, au retour du travail, je trouvai un énorme et magnifique berger allemand sous notre porche. Ce puissant animal nous montra clairement qu'il voulait entrer dans la maison et en faire son chez-soi. Pour ma part, j'étais circonspecte. D'où venait ce chien qui, de toute évidence, n'était pas un chien errant ? Serait-il dangereux de laisser les enfants jouer avec un chien que nous ne connaissions pas ? Certes, il semblait doux, mais sa grande taille commandait le respect. Les enfants se prirent immédiatement d'affection pour « Allemand » et me supplièrent de le laisser entrer. J'acceptai de le laisser dormir dans le sous-sol jusqu'au lendemain ; nous pourrions alors essayer de retrouver son maître dans le voisinage. Ce soir-là, je dormis l'esprit tranquille pour la première fois depuis des semaines.

Le matin suivant, nous fîmes quelques appels téléphoniques et nous jetâmes un coup d'œil à la rubrique « Perdu » des annonces classées, mais en vain. Entre-temps, Allemand prit sa place dans la famille et accepta de bonne grâce les câlins des enfants, leurs séances de lutte et leurs jeux dans la cour. Comme il était encore avec nous le samedi soir, nous lui permîmes de nouveau de dormir dans le sous-sol.

Le dimanche, j'avais prévu un pique-nique avec les enfants. Nous laissâmes Allemand à la maison, car je me disais qu'il valait mieux l'y laisser au cas où son maître viendrait. Lorsque nous arrêtâmes prendre de l'essence à une station-service située près de la maison, nous fûmes étonnés de voir qu'Allemand courait derrière la voiture. Non seulement nous rattrapa-t-il, mais il sauta sur le capot et écrasa son museau sur le pare-brise en nous regardant droit dans les yeux : il n'avait pas du tout l'intention de rester à la maison. Nous le laissâmes donc grimper à l'arrière de la voiture, où il s'installa pour la randonnée. Il resta avec nous le dimanche.

Le lundi matin, je le laissai sortir afin qu'il puisse courir un peu pendant que les enfants se préparaient pour l'école. Il ne revint pas. Le soir venu, nous fûmes tous déçus de ne pas le revoir. Convaincus qu'il était retourné chez lui ou que son maître l'avait retrouvé, nous pensions ne plus jamais le revoir. Nous étions dans l'erreur. Le vendredi soir suivant, Allemand était de retour. Il resta de nouveau avec nous jusqu'au lundi matin, moment où la gouvernante arrivait.

Ce scénario se répéta chaque fin de semaine pendant presque dix mois. Au fil du temps, nous nous attachâmes à lui et nous avions hâte de le voir arriver le vendredi soir. Nous ne nous demandions même plus à qui il appartenait – dans notre esprit, Allemand était notre chien. Sa présence, sa force et son entrain nous réconfortaient et nous rassuraient. Lorsqu'il se mettait au garde-à-vous et qu'il commençait à grogner, nous nous savions protégés.

Allemand fit bientôt partie de la famille. Il considérait même comme son devoir d'entrer dans les chambres à coucher, le soir, pour s'assurer que chaque enfant était bien couché dans son lit. Lorsqu'il avait terminé sa tournée, satisfait, il prenait son poste de guet près de la porte et y demeurait jusqu'au matin.

Chaque semaine, entre les brefs séjours d'Allemand, je devins un peu plus forte, un peu plus courageuse et un peu plus apte à surmonter notre épreuve. Chaque week-end, j'étais contente de voir revenir Allemand. Puis, un lundi matin, nous lui caressâmes la tête et le laissâmes partir, comme d'habitude. Ce fut la dernière fois. Il ne revint jamais. Nous ne le revîmes plus.

Je pense souvent à lui. Il est entré dans notre vie au moment où j'en avais le plus besoin et y est resté jusqu'à ce que je sois assez forte pour continuer seule. Peut-être y a-t-il une explication toute naturelle à ses visites de fins de semaine. Peut-être que son maître s'absentait chaque week-end. Peut-être. Personnellement, je crois qu'Allemand nous a été envoyé parce que nous en avions besoin. Selon moi, aussi seuls et abandonnés qu'on puisse se sentir à certains moments de sa vie, quelqu'un, quelque part, sait et veille sur nous. Nous ne sommes jamais vraiment seuls.

Mary L. MILLER

Un miracle à Toronto

J'ignorais totalement ce qui me poussa à sortir de ce bistrot bien chauffé pour aller m'enfermer dans une cabine téléphonique frigorifiée de Toronto. Quelques minutes auparavant, j'étais tranquillement assise à siroter une tasse de café dans cette ville étrangère, puis, soudain, j'eus l'envie bizarre et irrésistible de feuilleter l'annuaire du téléphone. Comme je ne connaissais absolument personne à Toronto, cette envie était plutôt insolite.

Je suis anglaise, mais je vivais dans l'Iowa à l'époque. J'avais besoin d'un nouveau permis de travail pour les États-Unis et j'avais choisi le consulat de Toronto pour sa proximité. Et voilà que je me retrouvais en train de fouiller dans l'annuaire téléphonique sans aucune raison apparente. Mes doigts se figèrent lorsqu'ils tombèrent sur la page des McIntyre.

Je connaissais ce nom. Douze ans auparavant, les lois sur l'adoption avaient changé en Angleterre et je m'étais enfin sentie prête à essayer de retrouver ma mère biologique. Au fil de mes recherches, j'avais réussi à recueillir trois renseignements : elle avait les cheveux roux, était née près de Glasgow et s'appelait Margaret McIntyre Gray. Toutefois, ces renseignements ne m'avaient menée nulle part et j'avais essayé de ne plus repenser à tout cela.

Or voilà que je me retrouvais encore, à des milliers de kilomètres de ma ville natale, à fixer les pages de McIntyre. La liste des McIntyre était tellement longue, même sous l'initiale M., que j'en étais découragée. Pourquoi faisais-je cela ? J'avais visité des dizaines de villes à travers le monde et je ne m'étais jamais mise à lire ainsi l'annuaire !

Tout ce que je sais, c'est que l'instant d'après, j'avais sous les yeux la page des Gray. Je lus rapidement les noms et m'arrêtai à *Gray, M. McIntyre, 85 boulevard Lawton, Toronto*. Paralysée d'étonnement, je sentis mon cœur battre deux fois plus vite. « C'est elle, c'est elle », songeai-je. Mais comment cela aurait-il été possible ? J'étais au *Canada* et même si, par quelque étrange coïncidence, elle vivait ici, elle était probablement mariée et portait un autre nom. De toute façon, si l'idée me venait de lui téléphoner, que pourrais-je bien lui dire ?

Je composai néanmoins le numéro. À l'autre bout du fil, j'entendis seulement une drôle de tonalité. Le numéro n'était plus en service. « Il est trop tard, pensai-je. C'était son numéro, mais elle est morte. » J'appelai le service de réparation. Une voix polie me répondit :

— Eh bien, nous avons un numéro où cette personne peut être contactée, mais il est confidentiel.

— Écoutez, je sais que ça va vous sembler bizarre, ai-je bredouillé rapidement, mais je pense que cette personne est ma mère biologique que je n'ai jamais connue. Est-il possible de savoir ce qui s'est passé ?

La standardiste accepta. Toutefois, lorsqu'elle téléphona, une femme lui répondit que Mlle Gray n'avait jamais été mariée et qu'il devait donc y avoir une erreur. Étonnée du ton plutôt effronté que je pris, je demandai à la standardiste :

— Écoutez, pourriez-vous l'appeler de nouveau ? Dites-lui que Mlle Gray ne s'est peut-être jamais mariée mais que moi, je suis bel et bien là ! Dites-lui que la femme que je cherche est née le 9 juillet 1914 à Greenoch en Écosse.

Voilà comment je fis connaissance avec Betty, l'amie de Margaret McIntyre Gray. Elle me raconta que Mlle Gray avait été malade durant l'été et qu'elle avait quitté son appartement pour aller vivre en résidence. Bizarrement, Betty ne lui avait pas encore rendu visite là-bas et s'apprêtait à le faire l'après-midi même où je lui parlai.

Le lendemain, Betty me téléphona.

— Eh bien ! vous êtes chanceuse. J'ai parlé à Maggie et elle m'a dit savoir qui vous étiez. Malheureusement, elle ne veut pas vous voir.

J'étais dévastée. Cependant, sachant qu'on me remettrait mon permis de travail le lendemain et que je retournerais à la maison peu après, je me dis qu'une fois chez moi, je serais peut-être capable d'oublier toute cette histoire. Or, lorsque je me rendis au consulat le dimanche suivant, j'appris que mon permis était resté coincé dans l'engrenage bureaucratique et que j'allais devoir rester encore trois semaines à Toronto. Trois longues semaines dans la même ville que ma mère enfin retrouvée, et j'étais incapable de la voir ! Je ne savais pas comment j'allais pouvoir supporter ce supplice.

Quelques jours plus tard, le téléphone sonna. Découragée, je pris le combiné. C'était Betty qui s'exclama d'un ton surexcité :

— Votre mère veut vous voir dimanche à quinze heures !

Mon cœur eut des ailes tout à coup ; trop émue, je dus m'asseoir.

Lorsque dimanche arriva, je ne pus rien avaler pour le déjeuner, trop nerveuse. Comme j'arrivai trop tôt à notre lieu de rendez-vous, je fis deux fois le tour du pâté de maisons, à pied. Puis je la vis : menue, elle affichait un certain âge et portait un tailleur vert surmonté d'une abondante chevelure dorée.

— Bonjour, chère enfant, dit-elle dans un accent écossais très prononcé.

Elle me prit par les épaules et m'embrassa sur la joue, puis nous nous regardâmes pour la première fois en quarante-six ans.

Nous entrâmes dans le restaurant où elle avait réservé une table et elle s'amusa à me faire deviner le nom des personnes qui apparaissaient sur des photos qu'elle avait apportées. Je continuai de la regarder en me demandant si j'avais hérité de son nez ou de ses mains. Toute la journée, cependant, ce fut sa façon d'être que je découvris, sa personnalité globale. Il me fallut peu de temps pour me rendre compte que je l'aimais bien.

Pendant les trois semaines d'attente de permis, je vis ma mère presque tous les jours. Ce fut une période précieuse pour nous deux.

Lorsqu'on me remit finalement mon permis, j'allai la voir pour lui dire au revoir.

— Tu sais, chère enfant, je voulais te garder. Je voulais vraiment, mais je ne croyais tout simplement pas que ce serait possible.

Je la rassurai, triste à l'idée de devoir repartir.

— N'oublie pas que tu es mon amie, me dit-elle avant que je la quitte.

Je me retournai pour lui tendre la main. Elle me tendit la main à son tour, à la façon d'une reine, pour me faire ses adieux.

À peine trois semaines plus tard, ma mère fut admise à l'unité des soins intensifs d'un hôpital de Toronto. Elle livrait une bataille sans espoir contre une pneumonie. Je retournai donc à Toronto pour lui rendre visite à l'hôpital. Lorsque j'entrai dans sa chambre, je remarquai tout de suite la feuille de papier posée sur la table de chevet. C'était la lettre que je lui avais envoyée et dans laquelle je la remerciais de m'avoir donné la vie. Elle mourut le lendemain.

Sue WEST

Histoire de guerre

Nous étions en Angleterre, en 1939. J'avais quinze ans et j'étais si excitée que j'avais du mal à me concentrer sur mes études. Cet été-là, je me préparais en effet à aller passer un mois en France dans le cadre d'un programme d'échange étudiant. La famille chez qui j'allais séjourner avait une fille de mon âge. Plus tard dans l'été, elle allait à son tour venir passer un mois dans ma famille en Angleterre.

Le jour de mon départ pour la France arriva enfin ; j'étais *prête*. Ma mère m'accompagna en train jusqu'à la gare Victoria, à Londres, car elle tenait à me voir monter à bord du « Channel train » qui allait me conduire à Douvres. Jamais il ne fut question qu'elle m'accompagne plus loin. Ma famille me considérait comme une jeune fille sérieuse et il ne vint à l'idée de personne de me croire incapable de faire ce voyage seule.

Je montai donc à bord du bateau qui traversait la Manche, et ma grande aventure commença. Ma « famille française » m'attendait à Paris et me fit visiter des endroits magnifiques. (Je me souviens tout particulièrement des spectaculaires châteaux de la Loire.) Nous nous rendîmes ensuite en voiture à Argent-sur-Sauldres, le petit village où j'étais censée demeurer pendant quatre semaines. En fin de compte, j'y restai trois semaines seulement.

Ce séjour de trois semaines fut une période heureuse. J'étais entourée de beaucoup de jeunes de mon âge et je crois encore aujourd'hui qu'ils ont plus appris l'anglais avec moi que je n'ai appris le français avec eux. Au fil des jours, toutefois, je me rendis compte que les choses se gâtaient sérieusement en Europe. On parlait même de guerre.

Or la guerre n'a pas grande réalité dans l'esprit d'une fille de quinze ans. Un jour, un gentleman qui parlait un peu anglais me prit à part et me montra les manchettes du journal. Ne voulais-je pas retourner en Angleterre ? Je n'en voyais pas l'urgence. Après tout, la France n'était pas si loin de mon pays ; le voyage n'avait pas été très long.

Je commençai tout de même à sentir la tension monter chez les gens et à prendre conscience que la situation tournait au pire. Mais comme mes parents n'avaient pas cherché à me joindre, je continuais de penser que les choses n'allaient pas si mal.

Puis, un matin, je me réveillai avec l'intime conviction que je devais rentrer dans mon pays. J'avais l'intuition que je devais m'en aller. Personne ne m'avait incitée à le faire jusqu'à ce moment ; pourtant, une fois ma décision prise, on mit tout en œuvre pour me faire partir au plus vite.

À l'aube, le lendemain, je me retrouvai donc dans un train qui quittait Paris, accompagnée de ma formidable mère française. À six heures ce matin-là, les rues de Paris étaient sinistrement désertes... *à l'exception* d'innombrables camions chargés de troupes françaises. Les troupes se rendaient à la ligne Maginot, armées de la courageuse intention de repousser les nazis.

Après avoir fait mes adieux à celle qui m'avait traitée aux petits oignons pendant trois semaines, je m'installai pour faire la traversée toute seule. Le voyage fut très tendu et long – trois fois plus long qu'en temps normal – et, ne l'oublions pas, je n'avais que quinze ans. J'arrivai en Angleterre à minuit. Or il n'y avait ni autobus ni taxi pour me conduire de la gare à ma maison qui se trouvait à seulement deux kilomètres. J'avais bien envoyé un télégramme à mes parents pour les prévenir de mon retour, mais ils ne pouvaient pas prévoir l'heure de mon arrivée puisque les horaires de transport étaient complètement chambardés. Par conséquent, presque vingt-quatre heures après mon départ de la France, je dus parcourir à pied et toute seule les deux kilomètres qui me séparaient de la maison. Aucun mot ne peut exprimer le sentiment que j'éprouvai lorsque j'arrivai finalement chez moi.

Quelques jours plus tard, la Seconde Guerre mondiale éclata !

Je ne saurai jamais ce qui m'a poussée ce matin-là à vouloir retourner chez moi à tout prix. Le sens pratique que mes parents m'ont inculqué a certainement joué un rôle dans ma décision, mais je demeure convaincue que c'est mon intuition qui m'a évité de passer des années loin de ma famille, en pays étranger, à cause de la guerre.

Maureen READ

Un lien viscéral

Ma mère et moi sommes profondément liées par notre faculté de communiquer par la pensée l'une avec l'autre.

Il y a quatorze ans, j'habitais à Evansville, dans l'Indiana, à mille trois cents kilomètres de chez ma mère, ma confidente, ma meilleure amie. Un matin, alors que j'avais l'esprit tout à fait tranquille, je sentis le besoin urgent de téléphoner à ma mère et de lui demander si tout allait bien. Sur le coup, j'hésitai : maman était institutrice de primaire et je risquais sûrement de la mettre en retard en lui téléphonant si tôt le matin. Cependant, ce fut plus fort que moi et je l'appelai. Nous conversâmes quelques minutes et elle me rassura. Tout allait bien.

Un peu plus tard dans la journée, le téléphone sonna. C'était maman qui me raconta que mon appel du matin lui avait probablement sauvé la vie. Si elle avait quitté la maison trois minutes plus tôt, me dit-elle, elle aurait pu se retrouver impliquée dans un gros accident de la route qui avait tué plusieurs personnes et blessé plusieurs autres.

Il y a huit ans, je tombai enceinte de mon premier enfant. L'accouchement était prévu pour la semaine du 15 mars. Je dis à mon médecin que je trouvais cette date trop hâtive, qu'il fallait que mon enfant naisse plus tard, entre le 29 mars et le 3 avril, parce que ma mère serait alors en congé et, bien entendu, je voulais qu'elle soit là pour cet événement. Le médecin me répéta toutefois que l'accouchement devait avoir lieu à la mi-mars. Je me contentai de lui sourire. Reid, mon fils, vint au monde le 30 mars. Ma mère arriva chez moi le 31 mars.

Il y a six ans, je tombai de nouveau enceinte. Le médecin m'annonça que l'accouchement était prévu pour la fin mars. Je lui répondis que je préférais accoucher un peu plus tôt cette fois parce que – vous l'avez deviné – le congé scolaire tombait au début de mars. Le médecin et moi sourîmes. Breanne, ma fille, vit le jour le 8 mars.

Il y a deux ans et demi, ma mère livrait un combat contre le cancer. Au fil des semaines, elle perdit son énergie, son appétit, sa capacité de parler. Après avoir passé un week-end avec elle en Caroline du Nord, je devais me préparer à retourner chez moi en avion. Je m'agenouillai au chevet de ma mère et pris sa main.

— Maman, si je peux, veux-tu que je revienne ?

Ses yeux s'agrandirent tandis qu'elle essayait de hocher la tête.

Deux jours plus tard, mon beau-père me téléphona. Ma mère se mourait. Des membres de la famille s'étaient réunis auprès d'elle pour lui faire leurs adieux. Ils branchèrent un haut-parleur au téléphone pour que je puisse entendre les derniers sacrements.

Ce soir-là, je m'efforçai de lui transmettre, en pensée, les tendres adieux que je lui faisais. Le matin suivant, toutefois, le téléphone sonna : ma mère était toujours en vie, mais elle était dans le coma et pouvait mourir à tout instant. La mort ne vint toutefois pas la prendre ce jour-là. Ni le lendemain, ni le surlendemain. Tous les matins, en fait, je recevais les mêmes nouvelles : elle pouvait mourir à tout instant. Or, elle ne mourait pas. Et chaque jour, ma peine et ma tristesse grandissaient.

Après quatre semaines d'agonie, je compris enfin ce qui se passait : ma mère m'attendait. Le jour où je m'étais agenouillée auprès d'elle, elle m'avait fait comprendre, en effet, qu'elle voulait que je vienne si je le pouvais. Je n'avais pas pu jusqu'à présent, mais maintenant, je pouvais. Je réservai immédiatement un vol.

À dix-sept heures le même après-midi, j'étais allongée près d'elle sur le lit, mes bras autour de son cou. Elle était encore dans le coma, mais je lui murmurai :

— Je suis là, maman. Tu peux t'en aller maintenant. Merci de m'avoir attendue. Tu peux lâcher prise.

Elle mourut quelques heures plus tard.

À mon avis, lorsqu'un lien entre deux personnes est à ce point viscéral, il existe à jamais, au-delà des mots, et il est magnifique. Malgré mon immense chagrin d'avoir perdu ma mère, je n'échangerais pour rien au monde la beauté et la puissance de ce lien.

Susan B. Wilson

L'amour à son plus haut degré

Ma mère et moi nous ressemblons : mêmes cheveux bruns raides, mêmes yeux bruns myopes, même silhouette. Ma mère était mon pilier. En dépit de ma réussite scolaire, j'étais timide et peu sûre de moi, mais elle était toujours là quand j'en avais besoin. Par ailleurs, comme ma mère enseignait les sciences humaines à mon école, tous mes amis la connaissaient et l'aimaient, eux aussi.

J'avais quinze ans lorsque maman apprit qu'elle était atteinte de lupus. Elle fut hospitalisée pendant cinq mois, se rétablit et retourna enseigner. Tout sembla revenir à la normale. Un an plus tard, toutefois, elle attrapa un simple rhume qui dégénéra en grave pneumonie. Une semaine plus tard, elle mourut. Mon soleil venait de s'éteindre ; l'avenir me parut soudain terriblement sombre.

Toutes les questions que j'avais encore sur la vie de ma mère et sur ses sentiments, sur ma propre vie de femme qui commençait, sur des choses apparemment banales (comme sa recette de mes biscuits de Noël préférés ou celle de sa fameuse tarte au citron), toutes ces questions resteraient désormais sans réponses. Ma mère ne serait plus jamais là ; son départ me laissa seule et abattue.

Après sa mort, ma personnalité sembla changer du tout au tout. Moi qui avais toujours eu une attitude ouverte et idéaliste, voilà que je devenais chaque jour plus amère et sarcastique. On aurait dit que le chagrin et la culpabilité blindaient mon cœur. J'étais en effet hantée par le souvenir de moments malheureux. Par exemple, je revoyais ma mère, assise sur le bord du lit à sangloter pendant que le reste de la famille se disputait. Je me rappelais tant d'occasions où j'aurais pu faire davantage pour la consoler.

Durant ma deuxième année d'études universitaires, j'appris à méditer. J'émergeai alors petit à petit de la cuirasse que j'avais bâtie autour de moi, qui m'avait à la fois protégée et engourdie. La méditation me permettait enfin de surmonter sainement mon deuil. Je m'assoyais, les yeux fermés, et des larmes de guérison coulaient.

Un matin, pendant que je méditais, je me rappelai avoir pris soin de maman à son retour de l'hôpital. Je m'étais sentie frustrée d'avoir à panser ses plaies de lit au lieu de sortir avec mes amis comme je le désirais. La culpabilité et la honte m'envahirent au souvenir de ce sentiment égoïste.

Au beau milieu de mon remords, une pensée traversa mon esprit. Je me rappelai une histoire que maman m'avait racontée au sujet de mon grand-père maternel qui avait été frappé par le cancer lorsqu'elle n'avait que huit ans. Avant de mourir, il lui avait dit :

— Evalyn, n'oublie pas : quand je ne serai plus là, si tu as besoin de moi, appelle-moi et je serai là pour toi.

Maman m'avait ensuite raconté que pendant ses études universitaires, elle était tombée amoureuse d'un jeune homme qui lui avait brisé le cœur. Elle avait eu si mal qu'elle avait appelé son père dans son esprit :

— Soudain, j'avais eu le sentiment qu'il était dans l'embrasure de la porte de ma chambre. J'avais senti tellement d'amour de sa part que j'avais compris que tout irait bien.

Il me sembla que je devais moi aussi essayer. Dans ma tête, je me mis alors à crier pour appeler ma mère.

— Je suis désolée, lui disais-je en pleurant.

Quelque chose se produisit dans ma chambre. Le temps s'arrêta et je sentis comme un voile de paix descendre sur moi. Dans mon cœur, j'entendis ma mère qui disait :

— Tout est compris. Tout est pardonné. Tu n'as rien à regretter.

Le fardeau qui me pesait depuis tant d'années me quitta instantanément. J'éprouvai un sentiment de liberté que je n'avais jamais cru possible.

Quelques années plus tard, la veille de mon mariage avec un homme merveilleux prénommé Tony, ma mère se mit à me manquer cruellement. Je désirais tellement qu'elle prenne part à cette célébration ; j'avais besoin de sa sagesse et de sa bénédiction. De nouveau, je l'appelai dans mon cœur.

Le jour de mon mariage fut splendide et ensoleillé ; il ne me fallut pas beaucoup de temps pour me laisser entraîner par l'ambiance de la fête. Après la cérémonie, Marilyn, une amie de longue date, s'approcha de moi, les joues sillonnées de larmes. Elle me dit qu'elle n'était pas triste, qu'elle avait seulement besoin de me parler. Nous allâmes dans un coin tranquille.

— Connais-tu quelqu'un du nom de Forshay ? me demanda-t-elle.

— Euh... oui, répondis-je. Le nom de jeune fille de ma mère était Forshar, mais on l'a changé pour « Forshay ». Pourquoi me demandes-tu cela ?

Marilyn parlait plus calmement à présent.

— Pendant la cérémonie du mariage, une chose incroyable est arrivée. Je vous ai vus, Tony et toi, entourés d'une lumière et d'une présence pleine d'amour pour vous deux. C'était tellement beau que j'en ai pleuré. Et le nom de Forshay me traversait sans cesse l'esprit.

J'étais trop abasourdie pour dire quoi que ce soit. Marilyn poursuivit :

— Et il y avait un message pour toi dans tout cela. La présence voulait te faire savoir que tu seras toujours aimée, que tu ne devras jamais en douter et que cet amour te parviendra par le biais de tes amis.

Lorsque Marilyn se tut, je pleurais à mon tour. Je la serrai dans mes bras. J'avais enfin compris que la mort ne pouvait pas rompre un lien aussi profondément ancré dans l'amour. Aujourd'hui, il m'arrive d'entrevoir quelque chose dans les yeux d'un ami ou d'un être cher, ou même dans mes propres yeux quand je me regarde dans le miroir. Je sais alors que ma mère est encore près de moi, à m'aimer tendrement.

Suzanne Thomas Lawlor

Pourquoi les choses sont telles qu'elles sont ?

À la fin de mes études secondaires, M. Reynolds, notre professeur de français, nous donna une liste de pensées écrites par d'autres élèves. Il nous demanda ensuite d'écrire une composition sur l'une de ces pensées en faisant preuve de créativité. À dix-sept ans, je commençais à m'interroger sur beaucoup de choses. Aussi n'hésitai-je pas à choisir la pensée suivante : « Je me demande pourquoi les choses sont telles qu'elles sont. »

Le soir venu, j'écrivis, sous forme d'une histoire, toutes les questions que je me posais sur la vie. Je me rendis compte qu'il était difficile de répondre à plusieurs de ces questions et qu'il était probablement impossible de répondre à certaines. Lorsque je remis ma composition, le lendemain, j'eus peur d'avoir une mauvaise note, car je n'avais pas répondu à la question « je me demande pourquoi les choses sont telles qu'elles sont ». Je n'avais pas de réponses, seulement des questions.

Le surlendemain, M. Reynolds me demanda de m'avancer pour lire mon histoire aux autres élèves. Il me tendit ma composition et alla s'asseoir dans le fond de la classe. Le silence tomba lorsque je commençai à lire :

Maman, papa… pourquoi ?

Maman, pourquoi les roses sont-elles rouges ? Maman, pourquoi l'herbe est-elle verte et le ciel, bleu ? Pourquoi l'araignée a-t-elle une toile plutôt qu'une maison ? Papa, pourquoi ne puis-je pas jouer avec tes outils ? Professeur, pourquoi dois-je apprendre à lire ?

Maman, pourquoi ne puis-je pas porter de rouge à lèvres pour aller danser ? Papa, pourquoi ne puis-je pas rentrer à minuit ? Mes amis le peuvent, eux. Maman, pourquoi me hais-tu ? Papa, pourquoi les garçons ne m'aiment-ils pas ? Pourquoi suis-je si maigre ? Pourquoi dois-je porter un appareil orthodontique et des lunettes ? Pourquoi faut-il que j'aie seize ans ?

Maman, pourquoi dois-je terminer mes études ? Papa, pourquoi dois-je devenir une adulte ? Maman, papa, pourquoi dois-je partir faire ma vie ?

Maman, pourquoi ne m'écris-tu pas plus souvent ? Papa, pourquoi mes amis d'enfance me manquent-ils ? Papa, pourquoi m'aimes-tu autant ? Papa, pourquoi me gâtes-tu ? Ta petite fille grandit. Maman, pourquoi ne viens-tu pas me rendre visite ? Maman, pourquoi est-ce difficile de se faire des amis ? Papa, pourquoi est-ce que je m'ennuie de la maison ?

Papa, pourquoi mon cœur bat-il si fort lorsque cet homme me regarde dans les yeux ? Maman, pourquoi mes jambes tremblent-elles quand j'entends sa voix ? Maman, pourquoi « être en amour » est-il le plus beau sentiment du monde ?

Papa, pourquoi n'aimes-tu pas te faire appeler « pépé » ? Maman, pourquoi les minuscules doigts de mon bébé s'accrochent-ils si fort à moi ?

Maman, pourquoi doivent-ils grandir ? Papa, pourquoi doivent-ils partir de la maison ? Pourquoi dois-je me faire appeler « mamie » ?

Maman, papa, pourquoi m'avez-vous quittée ? J'ai besoin de vous.

Pourquoi ma jeunesse a-t-elle passé si vite ? Pourquoi mon visage a-t-il gardé l'empreinte de tous les sourires que j'ai faits à mes amis et aux autres ? Pourquoi mes cheveux grisonnent-ils ?

Pourquoi mes mains tremblent-elles quand je me penche pour cueillir une fleur ?

Mon Dieu, pourquoi les roses sont-elles rouges ?

Lorsque je terminai ma lecture, je regardai M. Reynolds. Une grosse larme descendait lentement sur sa joue. Je compris alors que la vie ne repose pas toujours sur les réponses qu'on reçoit, mais également sur les questions qu'on se pose.

Christy CARTER KOSKI

10
De génération en génération

Je suis la femme qui tient le ciel au bout de ses bras.
L'arc-en-ciel traverse mon regard.
Le soleil se fraie un chemin jusqu'à mon ventre.
Mes pensées épousent la forme des nuages.
Mes mots, eux, restent à venir.

Poème amérindien

La mise au monde

La naissance d'un enfant met au monde des grands-mères.

Judith Levy

Il reste encore des choses à dire sur le don de soi que l'on fait à la naissance de son enfant. Il y a vingt-sept ans, je regardai pour la première fois ma fille qui était couchée sur mon ventre, encore reliée à moi par le cordon ombilical. Le regard qu'elle posa sur moi semblait d'une profondeur infinie. C'était une partie de moi-même que je contemplais, et pourtant, ma fille était si étonnamment et si merveilleusement unique.

Aujourd'hui, je suis à ses côtés ; je lui éponge le visage et je lui rappelle de se concentrer sur la puissance naturelle de son corps qui enfante, plutôt que sur la douleur et la peur. Ma fille a toujours eu atrocement peur de souffrir. Pourtant, elle est là à refuser toute médication, déterminée à donner naissance à son bébé comme la nature le veut, comme l'ont fait toutes ses grands-mères et arrière-grands-mères avant elle.

Des siècles de poussées, de préparation et de gémissements – et voilà que c'est la fille de ma fille qu'on dépose sur la poitrine de sa mère et qui la regarde dans les yeux. On m'accorde de nouveau l'extraordinaire privilège d'être témoin du Grand Mystère de la vie, de voir naître ma petite-fille, cette partie de moi-même qui grandira et qui, un jour, mettra au monde son propre enfant, mon arrière-petit-fils ou arrière-petite-fille.

Kay Cordell Whitaker

La poupée de grand-mère

À la mort de mon grand-père, ma grand-mère de quatre-vingt-trois ans, de nature si enjouée, se mit à dépérir peu à peu. Désormais incapable de tenir la maison, elle s'installa chez ma mère où elle recevait fréquemment la visite des membres de sa famille très nombreuse et unie (deux enfants, huit petits-enfants, vingt-deux arrière-petits-enfants et deux arrière-arrière-petits-enfants). Elle avait encore de bons moments, mais il était de plus en plus difficile de l'intéresser à quoi que ce soit.

Il y a trois ans, lors d'un après-midi froid de décembre, ma fille Meagan, alors âgée de huit ans, et moi venions d'arriver pour tenir compagnie à ma grand-mère, que nous surnommions tous « Gigi ». Grand-maman remarqua que ma fille avait apporté sa poupée favorite.

— Quand j'étais petite, moi aussi j'avais une poupée préférée, dit-elle à Meagan qui écarquilla les yeux. J'avais à peu près ton âge lorsqu'on me l'a offerte pour Noël. Je vivais avec ma mère, mon père et mes quatre sœurs sur une vieille ferme dans le Maine, et le tout premier cadeau que j'ai déballé le matin de ce Noël-là, c'était la plus merveilleuse des poupées.

« Son sublime visage de porcelaine était peint à la main et ses longs cheveux bruns étaient retenus pas un gros ruban rose. Ses yeux étaient d'un bleu éclatant, et ils s'ouvraient et se refermaient. Je me rappelle que son corps était en peau de chevreau, que ses bras et ses jambes pliaient aux articulations.

Puis Gigi baissa la voix et ajouta, sur un ton empreint de respect :

— Ma poupée portait une jolie robe rose garnie de fine dentelle. Je me souviens en particulier de son jupon ; il était fait de batiste légère et se terminait par plusieurs rangées de dentelle très délicate. Et les minuscules boutons qui ornaient ses bottes, c'était de vrais boutons... Pour une petite fille de ferme comme moi, le fait de recevoir une telle poupée tenait du miracle. Mes parents avaient dû faire d'énormes sacrifices pour me l'offrir. J'étais au comble du bonheur ce matin-là.

Les yeux de Gigi se remplirent de larmes tandis qu'elle évoquait, la voix pleine d'émotion, ce Noël lointain.

— Toute la matinée, je me suis amusée avec ma poupée. Elle était si belle. Puis l'accident s'est produit. Ma mère venait de nous demander de venir dans la salle à manger pour le repas de Noël. J'avais posé ma poupée le plus doucement du monde sur la table du couloir. Mais lorsque je me suis mise à table avec les autres, j'ai entendu un gros bruit.

« Avant même de me retourner, je savais qu'il était arrivé quelque chose à ma précieuse poupée. Un bout du jupon de dentelle dépassait de la table où je l'avais déposée et ma petite sœur, encore bébé, n'avait eu qu'à tendre la main pour tirer dessus. Je suis sortie en trombe de la salle à dîner et j'ai trouvé ma poupée sur le plancher, son visage en mille morceaux. Je revois ma mère en train d'essayer de rafistoler ma poupée. Peine perdue. Ma poupée était fichue à jamais.

Gigi ajouta que quelques années plus tard, sa petite sœur aussi avait disparu, victime d'une pneumonie. Des larmes coulaient maintenant sur ses joues. Je savais qu'elle pleurait non seulement la perte de sa poupée et la perte de sa petite sœur, mais aussi la perte d'une époque à jamais révolue.

Dès que nous entrâmes dans la voiture pour rentrer à la maison, Meagan, toujours envoûtée par le récit de Gigi, s'exclama :

— Maman, j'ai une bonne idée ! Offrons à Gigi une nouvelle poupée pour Noël, pareille à celle qui s'est cassée. Comme ça, elle ne pleurera plus lorsqu'elle y pensera.

Mon cœur se gonfla de fierté à la suggestion si généreuse de ma petite fille. Cependant, où trouver une poupée qui serait à la hauteur des vibrants souvenirs de Gigi ?

Comme on dit, lorsqu'on veut, on peut. Je racontai donc mon problème à mes meilleures amies, Liz et Chris, et Liz me mit en contact avec un artiste de la région qui fabriquait des poupées dont la tête, les mains et les pieds de céramique rappelaient beaucoup les poupées de porcelaine de l'époque. Je commandai donc pour Gigi une tête de poupée comme celles qui existaient il y a soixante-quinze ans, prenant soin de lui préciser qu'elle devait avoir de « grands yeux bleus qui s'ouvraient et se fermaient », ainsi que des mains et des pieds. Ensuite, j'allai dans une boutique spécialisée en accessoires de poupées pour commander une longue perruque brune et un corps en peau de chevreau. Meagan et moi écumâmes ensuite les magasins pour trouver du tissu, de la dentelle et du ruban semblables à ceux que Gigi nous avait si tendrement décrits. Liz, qui savait manier les applicateurs à colle chaude, se porta volontaire pour assembler les morceaux de la poupée. Puis, dans la frénésie des jours précédant Noël, Chris m'aida à confectionner les vêtements de la poupée, y compris le jupon de dentelle. Enfin, pendant que Liz, Chris et moi cherchions des « bottes de poupées ornées de vrais boutons », Meagan écrivit et illustra l'histoire de la poupée brisée.

Notre création était finalement prête. À nos yeux, elle était parfaite. Évidemment, elle ne pouvait pas être *exactement* identique à la poupée que Gigi avait tant aimée. Est-ce que Gigi verrait la ressemblance ?

La veille de Noël, Meagan et moi apportâmes chez Gigi notre cadeau joliment emballé. Grand-maman était assise parmi ses enfants et plusieurs autres membres de la famille.

— C'est pour toi, lui dit Meagan, mais avant de l'ouvrir, tu dois lire l'histoire qui l'accompagne.

Un des enfants demanda à Gigi de lire l'histoire à haute voix. Gigi commença à lire, mais, trop émue, elle fut incapable de terminer la première page. Meagan prit le relais. Puis arriva enfin le moment d'ouvrir le présent.

Jamais je n'oublierai le visage de Gigi lorsqu'elle sortit la poupée de la boîte et la serra contre son cœur. De nouveau, des larmes jaillirent de ses yeux ; cette fois, c'était des larmes de joie. Tenant la poupée dans ses bras frêles, elle la berça en répétant sans cesse :

— Elle est pareille à mon ancienne poupée, pareille.

Peut-être ne prononça-t-elle pas ces mots seulement par politesse. Peut-être avions-nous *réellement* réussi à fabriquer une copie presque identique à la poupée de ses souvenirs. Lorsque je vis ma fille de huit ans examiner la poupée avec son arrière-grand-mère, toutefois, une explication plus plausible s'imposa à mon esprit. Ce que Gigi avait reconnu, ce n'était peut-être pas tant la poupée que l'amour qui se cachait derrière. Or on reconnaît toujours l'amour, d'où qu'il vienne.

Jacqueline HICKEY

Promenade au bord du lac

— Si nous laissons maman seule à la maison ne serait-ce qu'un jour de plus, ce sera de la négligence.

Cette phrase que mon frère vient de me dire au téléphone déclenche une série d'événements, dont celui d'aider notre mère à quitter la petite maison où elle a vécu pendant presque soixante ans pour déménager dans une maison de retraite située à presque deux cents kilomètres de chez elle. Nous n'avons qu'une semaine pour tout emballer dans la maison. Je vois ma mère, impuissante, debout dans sa cuisine jaune, l'air découragé ; elle sent que quelque chose de « terrible » est sur le point de se produire, mais elle n'est pas toujours capable de s'en souvenir. J'ai du mal à supporter l'idée qu'elle reste toute seule pendant sept jours à attendre ce bouleversement déchirant qui la coupera de ses précieuses racines.

Le lendemain, donc, je vais enseigner comme prévu, mais je me déclare ensuite malade pour être en mesure de passer la semaine avec elle.

Les sept jours qui suivent sont aigres-doux. Ils font partie des plus beaux jours de ma vie, mais aussi des plus difficiles et des plus émouvants. L'état d'esprit de maman est plutôt évident : au téléphone, elle me dit qu'elle a commencé à emballer ses affaires ; or j'arrive sur place et je constate qu'il y a seulement deux boîtes de carton ouvertes dans une des chambres à coucher. Au fond d'une des boîtes se trouvent deux petits napperons qu'elle a confectionnés au crochet avant son mariage avec papa. L'autre boîte ne contient rien de plus que trois rouleaux de papier hygiénique. Voilà à quoi s'est limité son effort d'empaquetage. La tâche qui reste à accomplir est au-dessus de ses forces.

— Rita, je ne sais tout simplement pas par où commencer.

Mon cœur se serre déjà pour elle.

Nous ne commençons pas immédiatement à empaqueter. En fait, pendant toute la semaine où je reste auprès d'elle, nous ne décrochons pas une seule photo des murs et nous ne changeons absolument rien dans la maison. (Les ordres de mes sœurs : « Rita, tu es notre avant-garde. Tiens-lui tout simplement compagnie pendant qu'elle fait ses adieux à sa maison. Lorsque *nous* arriverons, nous empaquetterons. D'accord ? »)

J'essaie de trouver un moyen de remonter le moral à maman. On pourrait peut-être faire une promenade au bord du lac ; ça lui ferait le plus grand bien. Du plus loin que je me souvienne, à l'époque où ma famille n'avait pas de voiture, ma mère allait partout à pied.

C'était une marcheuse pleine d'entrain et d'assurance. Je garde un souvenir très net d'une certaine journée. J'ai neuf ans. C'est une chaude journée du mois d'août. Maman s'éloigne de la maison d'un pas vif et à grandes enjambées en direction de l'hôpital situé de l'autre côté du lac pour accoucher de ma sœur Mary. Pour accoucher ? D'un pas vif ? À grandes enjambées ? Exactement. Et papa a de la difficulté à la suivre.

D'une certaine façon, la marche a toujours été la jauge de son bien-être. La marche a aidé maman à être bien dans sa peau et à le rester ; elle lui a toujours donné de la vitalité, l'impression d'être en vie.

Plus tard dans sa vie, lorsque ses enfants ont grandi, c'était un plaisir quotidien pour elle de faire à pied le tour du petit lac près de la maison (surtout que, lorsqu'elle a eu une voiture, elle n'avait plus besoin de marcher pour faire ses courses). Au fil des ans, les promenades à pied ont toujours été une de nos habitudes favorites lorsque je lui rendais visite. Cependant, depuis trois ou quatre ans, à cause de douloureuses enflures aux pieds, maman est devenue de moins en moins capable de marcher, et cela la désole beaucoup. Néanmoins, avant d'aller faire une promenade, je lui demandais toujours :

— Te sens-tu capable de venir marcher avec moi aujourd'hui ?

Toujours est-il que le premier jour que je passe avec elle, la semaine avant son déménagement, je lui pose cette même question. À ma grande surprise, comme si elle n'attendait que l'occasion, elle me répond :

— Bien sûr que je suis capable !

Le tour du lac s'étend sur environ un kilomètre. Nous en faisons donc le tour trois fois d'affilée, en nous arrêtant après chaque tour pour décider si l'on rentre ou non à la maison.

— On continue ! lance-t-elle en grimaçant (ce qui signifie : « Tu vois ce que je suis encore capable de faire ! »)

Le sursaut d'énergie dont elle fait preuve nous étonne et nous réjouit. Maman en est très fière.

Toutefois, les jours suivants sont très différents : maman peut à peine marcher, encore moins faire le tour du lac à pied. Même entrer ou sortir de la voiture devient laborieux.

— J'ai dû trop en faire le premier jour, Rita.

Malgré tout, chaque jour, avant de faire une promenade à pied, je l'invite à m'accompagner au cas où elle s'en sentirait la force. Nous sommes toutes les deux déçues de son incapacité de faire ne serait-ce qu'une petite balade.

Tout au long de cette semaine-là, nous rions beaucoup, nous pleurons un peu. Nous menons une vie plutôt normale. Certains matins, nous allons à la messe. Parfois, nous recevons ses meilleurs amis à dîner. À toute heure du jour et de la nuit, nous nous affalons dans les fauteuils rembourrés du salon pour regarder notre paysage favori : le lac bordé d'arbres devant la maison. Comme elle adore ce lac ! Nous l'aimons tous, d'ailleurs. Nous regardons également la télévision – les bulletins de nouvelles (surtout les bulletins de météo), l'émission de Lawrence Welk et « La roue de fortune ».

Chaque jour, dès que l'horloge indique 17 heures, c'est l'heure magique de l'apéritif. À 16 h 55 précises, maman sort les hors-d'œuvre tandis que je nous prépare un verre. Puis, pour marquer le début officiel de notre « cinq à sept », nous levons nos verres pour porter un toast. (À plus d'une reprise au cours de la semaine, les toasts que nous portons me restent en travers de la gorge.) Après l'apéritif, nous préparons le souper. Plus tard arrive l'heure du maïs soufflé. À l'occasion, nous jouons aux cartes. Malheureusement, un nuage plane en permanence sur ces moments ordinaires qui ont toujours été synonymes de plaisir.

Étant donné que les petits accidents vasculaires cérébraux qui ont frappé maman au cours des semaines précédentes l'ont laissée incapable de conduire une voiture, nous faisons ensemble toutes les courses qu'elle n'a pu faire seule : banque, épicerie et pharmacie pour acheter, entre autres choses, des pastilles pour prothèses dentaires. Je l'emmène également se faire faire une dernière permanente chez la femme qui la coiffe depuis trente-cinq ans, puis faire calculer ses impôts chez le comptable qui sert les Bresnahan depuis le début des années 1930. De retour à la maison, nous nous assoyons de nouveau pour contempler le lac, parfois en silence, parfois en évoquant des souvenirs.

Ce lac continue de l'étonner.

— Vois comment l'eau scintille. On dirait des diamants.

— Les vagues sont vraiment hautes aujourd'hui, n'est-ce pas Rita ?

— Cette source est vraiment jolie.

— Il y a beaucoup de monde qui se promène autour du lac aujourd'hui. Regarde, il y en a une qui porte un drôle de chapeau rouge.

Hélas, mon séjour chez ma mère arrive à son terme. Le dernier matin, le tout dernier que je passerai dans cette petite maison, je me lève tôt pour faire un peu d'exercice avant de me rendre à l'aéroport. Maman est réveillée, mais elle reste au lit. À mon invitation habituelle de faire une promenade, elle répond d'une voix triste :

— Non, mes jambes me font trop mal. Vas-y sans moi.

Je sors dehors, le cœur lourd. L'air est frisquet. C'est un matin brumeux comme il y en a dans l'Illinois et on n'y voit guère. Je marche à grands pas, apercevant à l'occasion quelques âmes courageuses, des ombres dans le brouillard, qui font elles aussi leur promenade matinale. Je fais le tour du lac à trois ou quatre reprises. Puis, tandis que je m'engage dans le tournant qui mène à notre petite maison, je crois repérer quelqu'un, vêtu d'un vêtement long, qui s'avance lentement dans le brouillard. La silhouette s'approche de plus en plus. C'est ma mère. Elle m'envoie la main tandis que je presse le pas en criant :

— Maman !

Sous un long imperméable brun, elle porte encore sa robe de nuit.

— Je voulais venir à ta rencontre, Rita. Est-ce que tu refais le tour du lac ?

— Je ne sais pas. Toi, maman, en aurais-tu envie ?

Elle reste silencieuse un moment. On dirait qu'elle est tiraillée entre la femme volontaire qui a arpenté les rives de ce lac pendant presque soixante années et qui veut faire un dernier tour, et ses muscles et ses os qui sont désormais incapables de la suivre et qui implorent : « Il n'en est pas question ! » L'expression de son visage traduit cette lutte. Finalement, elle secoue lentement la tête, jette un regard immensément triste sur le lac, puis murmure d'une voix hésitante :

— Rita, j'aimerais mieux... retourner... à la maison.

Tournant le dos au lac, nous parcourons alors la courte distance qui nous sépare de la maison, bras dessus, bras dessous, pas à pas. C'est notre dernière promenade en ce lieu et nous le sentons au plus profond de notre être. Nous commençons toutes les deux à pleurer. Je sens sa poitrine se soulever au rythme de sa peine, à l'endroit où mon bras l'étreint. Pour ma part, à travers mes larmes coulent cinquante-huit années de souvenirs. Nous resserrons notre étreinte.

La petite maison est là qui nous attend, tel un havre. En cet instant précis, son caractère sacré s'impose à moi comme jamais auparavant, porteur de toute la richesse de ceux qui y ont vécu. C'est un lieu sacré, oui, où, petite fille, j'ai appris non seulement à marcher, mais à « marcher parmi les autres ». Une vague de gratitude m'envahit pour tout ce que mes parents m'ont enseigné, pour ma mère et son amour de la marche.

J'aide maman à se débarrasser de son imperméable mouillé et à enfiler son chaud peignoir bleu garni de dentelle aux poignets. Frissonnante, elle attache son peignoir, se dirige vers la cuisinière et y dépose la bouilloire, comme tous les matins depuis soixante ans.

— Allez, viens, Rita. On va se préparer une bonne tasse de thé.

Rita BRESNAHAN

Devenir une femme

Mon père et moi regardions ma mère qui descendait l'escalier. D'abord apparut le bout de ses escarpins en satin rouge, puis ses jambes lisses et blanches. L'ourlet de sa robe Chanel au tissu moiré gris flottait telle une brume. La jupe donnait l'effet d'un entonnoir qui débouchait sur sa taille sanglée, puis remontait en s'élargissant vers ses seins fièrement dressés, gonflant le rebord de satin rouge qui cernait ses épaules nues et se perdait derrière ses bras. Elle incarnait l'élégance des années 1960. L'odeur capiteuse et délicieuse de son parfum parvint jusqu'à nous.

Je me tournai vers mon père pour juger de son appréciation ; l'expression nouvelle que je vis sur son visage me renversa. Il fixait des yeux cette « créature-qui-ne-pouvait-être-sa-femme » et on aurait dit que son regard voulait la traverser comme on épingle un papillon rare. Ma mère s'arrêta au milieu de l'escalier. Ses lèvres esquissèrent un sourire légèrement inquiet.

— Alors, comment tu me trouves ? murmura-t-elle.
— Viens ici, toi, lui dit-il tel un ordre.

Je contemplai ces deux personnes qui étaient mes parents. Ils semblaient détenir un secret qui, à mon grand étonnement, n'avait de toute évidence rien à voir avec moi. J'éprouvai alors l'envie soudaine de me glisser entre les deux. Je vis mon père déposer un manteau sur les épaules de ma mère. Il approcha ses lèvres de ses cheveux et lui chuchota quelque chose. Ma mère inclina sa tête vers l'arrière, les yeux pleins de mystère. Cette image s'immortalisa dans mon esprit comme sur une pellicule photographique et y resta longtemps après que la porte se fut refermée derrière eux.

Le lendemain, j'attendais le retour de mon père, assise dans son fauteuil. Je portais la robe Chanel de ma mère dont j'avais serré la ceinture bien au-delà du dernier œillet. J'avais découvert qu'en rentrant mon ventre et en soulevant mes côtes, je donnais l'impression d'avoir des seins. J'attendais, mes jambes dénudées allongées devant moi à la manière d'un mannequin. J'aperçus la tache de rouge à lèvres que j'avais faite tout à l'heure : le tube avait glissé de mes mains, rebondi sur le comptoir de la salle de bains et barbouillé la jupe. Je camouflai la tache dans un pli du tissu. Lorsque j'entendis la clé tourner dans la serrure, je me dépêchai de soulever la poitrine.

Sur le point de me saluer comme d'habitude, il se figea en me voyant, constatant quelque chose de différent. Je pus presque voir sa journée de travail tomber de ses épaules tel un sac à dos poussiéreux lorsqu'il vit la robe, le maquillage, la pose. Ses yeux s'adoucirent et un sourire plein de charme illumina son visage.

— Hé ! On dirait bien que c'est mon jour de chance ! Laisse-moi te regarder un peu.

Je me levai du fauteuil et paradai comme une princesse. Il m'admira d'un air amusé, puis ses yeux restèrent plantés sur la vilaine traînée rouge qui maculait la jupe. Son expression changea. Il me regarda alors d'un air sévère. Je cessai de bouger, me rendant compte tout à coup de ce que j'avais fait : c'était la robe favorite de ma mère, qui avait coûté une fortune et que Papa lui avait offerte pour Noël. Nous nous regardâmes un instant, ses yeux me transperçant comme des couteaux.

Soudain, il s'accroupit et me regarda. Je vis les fins rayons blancs que ses rides formaient autour de ses yeux, puis ses cheveux bruns tirés vers l'arrière et parsemés de mèches blondes. Je vis ensuite mon petit corps frêle perdu dans cet océan de soie moirée. Il me chuchota alors :

— Tu sais, tu grandis si vite. Un jour, j'ouvrirai les yeux et tu seras la jeune fille la plus populaire en ville. Et ton vieux père ne sera plus capable de se frayer un chemin parmi les jeunes hommes qui seront à tes pieds, n'est-ce pas ?

Il me prit dans ses bras et me serra très fort comme un énorme papa ours. Les escarpins de ma mère tombèrent de mes pieds ballants et atterrirent sans bruit sur la moquette. Il me serrait tellement qu'il me coupait le souffle. Sa barbe du soir enfouie dans mon cou, il lâcha un rire étouffé avant de me poser doucement sur le sol. Il s'accroupit de nouveau et m'ordonna joyeusement :

— Ne grandis pas trop vite.

Ce faisant, il tapota le bout de mon nez camus de son index.

Et, pour la première fois, il ne prononça pas les mots « petit nez taché de son ».

Doni TAMBLYN

Hommage à mon père

Mon père décéda trois semaines après avoir célébré son quatre-vingtième anniversaire de naissance. Son décès ne fit pas la une des journaux, car il n'avait rien inventé, n'était pas vedette de cinéma et n'avait pas amassé une immense fortune. Son exploit le plus remarquable fut tout simplement d'avoir été un honnête homme. Or ce genre d'exploit ne fait pas les manchettes : « Harold Halperin, honnête homme, mort à l'âge de quatre-vingts ans »…

Pendant la plus grande partie de sa vie adulte, il tint une pharmacie de quartier avec son beau-frère. C'était un magasin à l'ancienne : service courtois, fontaine distributrice de boissons gazeuses et distributeur de gommes à mâcher à un *cent* qui crachait parfois un jeton échangeable contre une tablette de chocolat. Les clients de mon père auraient pu payer leurs médicaments moins cher à la grande pharmacie moderne d'en face, mais ils venaient à son magasin parce que ses « Bonjour, monsieur Untel » possédaient un pouvoir de guérison supérieur à n'importe quel médicament.

Lorsqu'il prit sa retraite à l'âge de soixante-dix ans, mon père entreprit une deuxième carrière : il livrait des tablettes de chocolat dans des commerces de la ville pour le compte de la compagnie Hershey. Il était censé jeter les tablettes de chocolat périmées, mais il se faisait une joie de les distribuer aux enfants du quartier ou aux itinérants qui se rendaient à la soupe populaire. Tous le surnommaient « l'homme aux bonbons ».

Sa maladie dura quatre mois en tout, depuis son diagnostic de cancer du pancréas jusqu'à sa mort. Cette période représenta une bénédiction tant pour lui que pour nous, car elle fut assez courte pour l'empêcher de trop souffrir, mais assez longue pour donner le temps à tous de faire leurs adieux et de se préparer à la mort. Cette période me donna également l'occasion de découvrir non seulement l'homme qu'il était, mais aussi sa façon d'aimer, chose que je n'avais jamais eu le temps de faire auparavant.

Je fus chargée de faire son éloge funèbre :

Hier matin, mon père bien-aimé s'est éteint. En réfléchissant aux mots que j'allais dire à l'occasion de ses funérailles, je me suis dit : « Comment rendre hommage à un homme qui a été un modèle ? Un modèle de bonté, de gentillesse, de bienveillance et de générosité. Les mots ne servent à rien puisque la vie de mon père parle d'elle-même. »

Nous avons tous connu Harold Halperin. Il était pour chacun le meilleur ami, le meilleur oncle, le meilleur patron, le meilleur employé. Il n'a jamais eu d'ennemi. Je ne connais personne qui l'ait connu sans l'aimer. C'était un gentilhomme et un homme gentil.

Non pas qu'il fût parfait ; personne ne l'est. Cependant, de toute ma vie, même dans les moments les plus pénibles pour lui – et j'avoue que je l'ai parfois poussé dans ses derniers retranchements – j'ai toujours senti qu'il m'appuyait de tout son cœur et de toutes ses forces. Toujours.

À nous tous, il manquera. Pour ma part, il me manquera parce qu'il a été le seul à me répéter combien il me trouvait belle, aussi belle qu'une vedette de cinéma, et je sais qu'il était sincère.

Il manquera à nos enfants, qui perdent le plus aimant des grands-pères. Peut-être n'avez-vous pas eu la chance de le voir jouer avec ses petits-enfants, de voir l'amour qui rayonnait dans ses yeux, la façon dont il les adorait – et comment les enfants le lui rendaient ! C'était toujours « Grand-papa, regarde ! », « Grand-papa, viens ici ! », « Grand-papa, viens jouer avec moi ! » Il se couchait alors par terre avec eux sans se préoccuper du mal qu'il aurait à se relever.

Quant à lui et ma mère... que dire à propos de leur amour ? Pendant quarante-sept ans, ils se sont entièrement dévoués l'un à l'autre. Hier encore, ma mère disait à mon mari :

— *Je souhaite que Debbie et toi ayez un mariage aussi heureux que le nôtre. En quarante-sept ans, jamais nous ne nous sommes couchés fâchés l'un contre l'autre.*

Mon mari lui a répondu :

— *Ceil, je pense que nous avons déjà raté notre chance de battre votre record.*

Un de mes plus beaux souvenirs d'enfance, c'est lorsque papa revenait de travailler à 18 h 30. Nous étions dans nos chambres, mon frère et moi, en train de faire nos devoirs ou de regarder la télévision. Puis nous entendions la sonnette d'entrée. Nous criions alors à tue-tête :

— *Papa est là ! Papa est là !*

Et nous dévalions l'escalier pour lui ouvrir. Papa disait alors toujours la même chose :

— *Dites donc, ça vous en a pris du temps !*

À cette époque, nous aimions penser que papa allait sonner, sonner et sonner jusqu'à temps qu'on lui ouvre. L'arrivée de papa était le clou de la journée.

Je conserve également un beau souvenir du rituel que nous avions au souper. Une fois tout le monde à table, papa posait sa main sur le bras de maman et disait :

— *Vous rendez-vous compte, vous deux, que vous avez la meilleure mère du monde ?*

Il répétait cette phrase chaque soir.

Mon père et ma mère ont vécu leurs dernières semaines ensemble comme ils ont vécu leur vie de couple : ma mère a passé ce temps à aimer son tendre et précieux mari et à s'en occuper vingt-quatre heures sur vingt-quatre. Elle a fait tout ce qui était humainement possible de faire pour qu'il s'éteigne chez lui, dans la dignité et sans souffrance.

Quant à mon père, il a utilisé les quelques jours et même les quelques heures qu'il lui restait sur cette terre pour s'assurer que sa femme et ses enfants ne manqueraient de rien. Il y a quelques jours, quand papa était si faible qu'il pouvait à peine parler, je lui ai dit combien je l'aimais, quel père formidable il avait été et quelle chance Larry et moi avions eue d'avoir été ses enfants. J'ai continué ainsi à lui ouvrir mon cœur, puis j'ai dit, tout simplement :

— Je t'aime tellement, papa.

Il a alors murmuré quelque chose. Comme je n'avais pas compris, je me suis approchée de lui et je lui ai demandé :

— Qu'as-tu dit, papa ?

Puisant dans ses dernières forces, il a répété :

— Veille à faire réparer les freins de l'automobile. Je ne veux pas que ta mère conduise avec des freins en mauvais état.

On entend souvent dire, de nos jours, que les enfants n'ont plus de bons modèles à suivre. Mon père n'a peut-être pas reçu le prix Nobel, mais si vous cherchez un modèle d'homme remarquable, pensez à lui.

Mon cher papa, maman et moi n'oublierons jamais la douceur et la paix qui régnaient sur ton visage le matin où tu nous as quittés. Le soleil inondait la chambre et faisait briller l'argent de tes cheveux, tels des milliers d'anges qui dansaient autour de toi.

Jamais nous n'oublierons que le chien du voisin a jappé et jappé tous les soirs durant toute la période où tu as été malade, mais qu'il n'a pas laissé sortir un seul aboiement le jour de ta mort. Ce jour-là, il est resté assis, immobile comme une statue près de sa niche, les yeux rivés sur la fenêtre de ta chambre, comme s'il gardait les portes du paradis.

Papa, nous t'aimons. Ta mort n'a pas altéré ta beauté. Tu vas nous manquer, mais nous n'oublierons jamais l'homme que tu as été. Tu seras toujours présent et nous parlerons de toi à nos enfants et à nos petits-enfants. Nous leur dirons que même si tu essayais de réparer les appareils électroménagers avec de la ficelle et du ruban adhésif, tu étais à nos yeux l'homme le plus exceptionnel de la terre.

Va et repose en paix auprès de Dieu.
Nous t'aimons.

Debra HALPERIN PONEMAN

Souvenirs d'enfance

La plupart des belles choses de la vie nous viennent par deux ou par trois, à la douzaine et à la centaine. Il y a les roses, les étoiles, les couchers de soleil, les arcs-en-ciel, les frères et les sœurs, les tantes et les cousines. Mais une mère, on n'en a qu'une seule.

Kate Douglas Wiggin

Elle reste assise devant la télévision, passive. Le programme qu'on diffuse n'a aucune importance, pourvu qu'elle n'ait pas besoin de se lever pour changer de chaîne. Le simple fait de marcher lui est difficile maintenant, comme toute autre chose d'ailleurs. Elle a besoin d'aide pour s'habiller, pour manger, pour se laver. Son corps n'est ni sénile ni infirme (elle n'a que quarante-huit ans), mais son esprit l'est. Ma mère a la maladie d'Alzheimer.

Parfois, il me semble qu'hier encore je n'étais qu'une enfant qui se promenait avec elle dans les bois. La nature était une des passions de ma mère. Elle m'emmenait à la plage pour me faire découvrir les flaques d'eau laissées par la marée. Nous sautions de roche en roche en essayant d'éviter les vagues qui venaient s'écraser à quelques mètres de nous. Elle me montrait les oursins aux piquants pourpres et les étoiles de mer aux couleurs vives. Je peux encore sentir la brume océanique sur mon visage et humer l'air salin. Elle aimait aussi m'emmener en randonnée dans les sous-bois de séquoias après la pluie. Nous cherchions alors des limaces terrestres dont le jaune éclatant brillait comme des lanternes dans la pénombre de la forêt. Le parfum des feuilles mouillées nous pénétrait tandis que nous marchions parmi les gigantesques conifères ; nous nous sentions minuscules en ce lieu majestueux et enchanté.

Profondément marquée par le militantisme politique des années 1960, ma mère a toujours cru qu'il fallait défendre le bien et protester contre le mal. Elle n'était pas radicale, seulement préoccupée par le monde et les gens qui y vivaient. Je me rappelle l'avoir accompagnée à une marche pour la paix lorsque j'avais environ dix ans. Nous avions sillonné les rues du centre-ville, en silence, dans le crépuscule du soir. Tous les marcheurs tenaient des bougies qui scintillaient et qui symbolisaient l'espoir de jeter un peu de lumière sur le monde.

L'éducation était également importante pour ma mère. Enseignante, elle était retournée à l'université pour faire des études supérieures lorsque j'étais à l'école élémentaire. Je me demande encore comment elle a fait. Même en plein milieu de ses études, je ne me souviens pas d'un moment où j'ai senti son absence. Comme elle était elle-même enseignante, elle a longuement cherché avant de trouver l'école maternelle où elle allait m'inscrire. Alors que la plupart des parents envoient tout simplement leurs enfants à l'école la plus proche, ma mère m'emmena visiter plusieurs établissements avant d'en trouver un qui lui plaisait.

Aujourd'hui, quand je regarde ma propre fille, je revois ma mère. Je revois ses cheveux châtains magnifiquement pailletés de mèches dorées et de reflets auburn. Je revois son menton qui faisait légèrement saillie de son visage étroit, ainsi que la petite ride qui débouchait sur le pli d'une de ses paupières. Ces traits sont probablement les mêmes que ma mère a vus en moi lorsqu'elle me regardait et qu'elle se reconnaissait.

Récemment, j'ai remarqué que je m'entourais de choses qui me la rappellent. Chaque fois que je bois une infusion de camomille, la douce odeur me rappelle toutes les nuits blanches que ma mère a passées lorsque j'étais malade. Quand je me prépare le matin, la lotion et le fixatif que j'utilise, l'un aux herbes, l'autre au parfum fruité, sont les mêmes que ceux que ma mère avait coutume d'acheter. Lorsque j'écoute les chansons à saveur politique de Joan Baez ou le son rythmé d'un succès de Jimmy Cliff, j'entends la voix de ma mère. Il se passe rarement un jour sans que quelque chose me la rappelle. Ces moments me rassurent et me ramènent à mon enfance, lorsque ma mère était encore telle que je m'en souviens.

La maladie s'est vite emparée de la femme que j'ai connue. Elle qui menait une vie si active, la voilà maintenant si passive. J'ai déjà lu un poème, intitulé « À ma mère atteinte de la maladie d'Alzheimer », qui exprimait comme suit cette pensée :

Mère chérie, toi qui es belle comme une fleur,
Te voir ainsi désertée fait hurler mon cœur.

Ma mère ne se souvient peut-être pas de tout ce qu'elle a fait qui a marqué ma vie, mais moi je ne l'ai pas oublié. Le plus difficile, c'est d'apprendre à aimer celle qu'elle est devenue alors même que je chéris le souvenir de la mère qu'elle a été. Je prie pour elle presque chaque soir, mais mes prières ont changé. Au début de sa maladie, je disais : « Seigneur, faites qu'ils trouvent un remède. » Aujourd'hui, je me contente de dire : « Seigneur, faites tout simplement qu'elle soit heureuse dans son monde, comme elle m'a rendue heureuse dans le mien. » Parfois, je murmure à son oreille, en espérant malgré moi qu'elle m'entende : « Je t'aime, maman. Tu me manques. »

Sasha WILLIAMS

La trame de nos vies

L'amour est l'emblème de l'éternité ; il se moque de la notion du temps.

Anna Louise de Staël

De toute évidence, la courtepointe était très vieille. Elle avait gardé sa beauté malgré ses carrés de soie rongés par le temps. Les carrés formaient le dessin d'une cabane en bois rond. Le tissu montrait des marques d'usure, mais on voyait qu'on y avait apporté beaucoup de soin au fil des ans.

La femme qui nous enseignait la technique de courtepointe tenait la courtepointe bien haut pour que tous ses élèves la voient.

— Voici une courtepointe dont le dessin était très populaire au milieu des années 1800. La personne qui l'a confectionnée avait probablement accès à de nombreux tissus différents, car elle en a utilisé plusieurs sortes. Lorsque je l'ai achetée, j'ai remarqué que cette courtepointe était plus grande à l'origine ; quelqu'un l'avait coupée en deux.

On entendit un grognement désapprobateur dans la classe. Qui avait bien pu couper en deux ce superbe ouvrage ?

Un chariot se dirige vers l'Ouest ; nous sommes en 1852...

Katherine pensait aux événements des trois dernières années tandis qu'elle se serrait contre sa sœur Lucy sous la courtepointe. Le jour qui venait de passer était un jour de bonheur : Lucy et elle avaient célébré leur anniversaire de naissance. Katherine fêtait ses treize ans et Lucy ses trois ans. En effet, Katherine avait exactement dix ans le jour où sa sœur était née. Katherine s'était sentie si heureuse d'avoir enfin une petite sœur ! Tous ses amis avaient des familles nombreuses, et elle avait désiré pendant si longtemps avoir un frère ou une sœur. Son vœu avait été exaucé : une sœur était née le jour même de son anniversaire de naissance. Toute la famille était comblée et il avait semblé que rien ne viendrait troubler ce bonheur.

Un drame était survenu, cependant, un an et demi après la naissance de Lucy : leur mère mourut. Peu de temps après, leur père décida que la petite famille devait déménager dans l'Ouest. Tout ce qu'ils possédaient fut donc vendu, donné ou mis dans un chariot, puis ils partirent. Katherine était heureuse de cette journée d'anniversaire, mais elle tremblait de froid et tirait du mieux qu'elle pouvait la courtepointe sur sa sœur et elle-même. Cet édredon était tout ce qu'elle avait qui lui rappelait sa mère et sa maison.

Lucy interrompit les rêveries de Katherine :

— Raconte-moi une histoire, supplia-t-elle. Raconte-moi une histoire sur cette courtepointe.

Katherine sourit. Chaque soir, c'était la même chose. Lucy raffolait des histoires provenant de cette courtepointe et Katherine adorait en raconter. Cela lui rappelait les jours plus heureux.

— Laquelle ? demanda Katherine.

Lucy fit glisser sa main sur la courtepointe jusqu'à un carré bleu pâle orné de fleurs.

— Celle-ci, Katy, répondit-elle en regardant sa sœur.

Lucy choisissait souvent ce carré sur l'édredon, car il correspondait à son histoire préférée.

— Eh bien, commença Katherine, ce carré vient d'une robe de soirée qui appartenait à une belle jeune fille rousse. Elle s'appelait Nell et tout le monde disait qu'elle était la plus jolie fille du village...

Avant longtemps, Lucy s'endormit, mais Katherine continuait de regarder la courtepointe. Tous ces carrés sont uniques, songea-t-elle. Elle se mit à se raconter quelques-unes des histoires que renfermaient les carrés de tissu. Peu à peu, elle se sentit habitée par les souvenirs de la maison, des amis, de la famille et des temps plus cléments. Comme sa mère avait été couturière et qu'elle avait toujours eu des retailles à la maison, les carrés de la courtepointe étaient presque tous différents les uns des autres. Plusieurs carrés avaient été découpés dans la soie et le brocart avec lesquels elle avait confectionné des robes pour les jeunes filles du village. D'autres avaient été découpés dans des robes qui avaient appartenu à Katherine. D'autres encore venaient de la robe de baptême de Lucy ou de la robe du dimanche que Katherine avait portée à l'âge de huit ans. On trouvait aussi des carrés qui avaient été découpés dans une robe de mariage, puis dans un tablier de leur grand-mère. Cette courtepointe était la seule possession qui apportait un peu de joie et de continuité dans la vie de Katherine. Elle s'endormit, contente de l'avoir et réconfortée par la chaleur qu'elle lui procurait.

Les jours passèrent lentement tandis que la famille roulait dans les plaines. Le voyage n'était pas facile, mais ils essayaient de rester enjoués et de rêver à une vie meilleure. Et chaque soir, Katherine et Lucy se racontaient des histoires sur la courtepointe.

Au bout de trois semaines de voyage, Lucy tomba malade et devint fiévreuse. Katherine fit tout ce qu'elle pouvait pour aider Lucy à se sentir mieux. Le jour, elle s'assoyait auprès d'elle dans le chariot qui roulait lourdement. Elle lui caressait les cheveux, lissait son oreiller et chantait. La nuit, elle lui racontait des histoires et la tenait dans ses bras jusqu'à ce qu'elle s'endorme au chant des grillons. Katherine avait terriblement peur de perdre sa petite sœur chérie. Serrée contre Lucy, le visage ruisselant de larmes, elle trouvait consolation dans la chaleur rassurante de l'édredon.

Un jour, en fin d'après-midi, le chariot s'arrêta pour monter le campement. Katherine laissa Lucy se reposer et alla chercher de l'eau fraîche dans un petit ruisseau tout près. En prenant le seau, une douce tranquillité l'envahit ; elle eut l'impression que Lucy se sentirait mieux très bientôt.

Katherine marcha lentement dans l'herbe en direction de l'eau. Au ruisseau, elle remplit son seau et s'assit. Le murmure de l'eau qui glissait sur les pierres était réconfortant et rafraîchissant. Katherine s'allongea, contempla le ciel et se souvint de quelques mots apaisants : « Voici le jour que le Seigneur a fait ; qu'il soit notre bonheur et notre joie. »

« Peut-être que tout va s'arranger », pensa-t-elle.

Le temps passa et Katherine songea qu'elle devait maintenant retourner auprès de sa sœur. Elle se leva, prit le seau alourdi par l'eau et marcha vers le chariot. En arrivant en haut du monticule qui séparait le ruisseau du campement, elle regarda au loin et aperçut trois hommes qui creusaient un trou près du chariot. Elle figea sur place.

— On enterre Lucy ! cria-t-elle. Lucy ! Lucy ! Lucy !

Elle laissa tomber le seau et se mit à courir. Elle pleurait et courait. Lorsqu'elle arriva au chariot, elle crut que son cœur allait sortir de sa poitrine.

En entrant dans le chariot, elle commença à trembler sans pouvoir s'arrêter. La courtepointe était soigneusement pliée à l'endroit qui avait servi de lit à Lucy.

Katherine se sentit défaillir et manqua tomber du chariot. Telle un automate, elle alla voir son père qui était assis avec les trois hommes. Il tenait dans ses bras le corps inerte de Lucy. Ses yeux rougis et gonflés par les larmes se posèrent sur Katherine.

— Elle est en paix maintenant, lui dit-il.

Katherine ne put que hocher la tête. Elle se tourna, affligée, et une des femmes la prit par les épaules pour la conduire au chariot.

— Je suis désolée, Katherine, murmura cette femme d'un certain âge. Nous aurons besoin de quelque chose pour l'envelopper. Pas nécessairement quelque chose de très grand.

Katherine fit signe de la tête et grimpa dans le chariot. Elle réussit, malgré son désarroi, à trouver les ciseaux. Elle saisit alors doucement la courtepointe et, le cœur gros, elle la coupa en deux.

Ann SEELY
Histoire soumise par Laura J. TEAMER

Hommage aux femmes que j'ai rencontrées

Aux femmes que j'ai rencontrées,
Qui m'ont montré la voie à suivre
   et les écueils à éviter,
Qui, par leur force et leur compassion, ont éclairé et
   guidé ma route,
Qui, par leur faiblesse et leur ignorance, ont assombri
   mon chemin et m'ont incitée à bifurquer.

Aux femmes que j'ai rencontrées,
Qui m'ont appris à bien vivre ma vie,
Qui, par leur charme, leur succès et leur gratitude,
   m'ont amenée à m'abandonner à la grâce de Dieu,
Qui, par leur amertume, leur envie
   et leur désillusion, m'ont mise en garde
   contre la futilité de l'entêtement.

Aux femmes que j'ai rencontrées,
Qui m'ont montré ce que je suis et ce que je ne suis pas,
Qui, par leur amour, leur appui et leur confiance,
   m'ont tendrement réconfortée et encouragée,
Qui, par leur jugement, leur déception
   et leur manque de foi, m'ont poussée
   à demeurer dévouée et engagée.

Aux femmes que j'ai rencontrées et qui m'ont enseigné
   l'amour, à la fois par le bien et le mal,

À vous toutes, je dis *Que Dieu vous bénisse* et *merci* du plus profond de mon cœur, car votre joie de vivre et vos sacrifices ont été pour moi une source d'apaisement et de libération.

Rev. Melissa M. Bowers

À propos
des auteurs

Jack Canfield

Jack Canfield est un des meilleurs spécialistes américains du développement personnel et professionnel. Conférencier dynamique et coloré, il est également un conseiller très en demande pour son extraordinaire capacité d'instruire ses auditoires et de les amener à vouloir améliorer leur estime de soi et leur rendement.

Auteur et narrateur de plusieurs audiocassettes et vidéocassettes, dont *Self-Esteem and Peak Performance*, *How to Build High Self-Esteem*, *Self-Esteem in the Classroom* et *Chicken Soup for the Soul – Live*, on le voit régulièrement dans des émissions télévisées telles que *Good Morning America*, *20/20* et *NBC Nightly News*. En outre, il est coauteur de dix livres, dont la série *Bouillon de poulet pour l'âme*, *Dare to Win* et *The Aladdin Factor* (tous avec Mark Victor Hansen), *100 Ways to Build Self-Concept in the Classroom* (avec Harold C. Wells) et *Heart at Work* (avec Jacqueline Miller).

Jack prononce régulièrement des conférences devant des associations professionnelles, des commissions scolaires, des organismes gouvernementaux, des églises, des hôpitaux, des entreprises du secteur de la vente, ainsi que des corporations. Sa liste de clients corporatifs comprend d'ailleurs des noms comme American Dental Association, American Management Association, AT&T, Campbell Soup, Clairol, Domino's Pizza, G.E., ITT, Hartford Insurance, Johnson & Johnson, The Million Dollar Roundtable, NCR, New England Telephone, Re/Max, Scott Paper, TRW et Virgin Records. Jack est également associé à deux écoles d'entrepreneurship : Income Builders International et Life Success Academy.

Tous les ans, Jack organise un programme de formation de huit jours qui s'adresse à ceux qui œuvrent dans le domaine de l'estime de soi et du rendement. Ce programme attire des éducateurs, des conseillers, des formateurs auprès de groupes de soutien aux parents, des formateurs en entreprise, des conférenciers professionnels, des ministres du culte et des gens qui désirent améliorer leurs talents d'orateur et d'animateur.

Mark Victor Hansen

Mark Victor Hansen est un conférencier professionnel qui, au cours des vingt dernières années, s'est adressé à plus de deux millions de personnes dans trente-deux pays. Il a donné plus de quatre mille présentations sur l'excellence et les stratégies dans le domaine de la vente, sur la prise en main et le développement personnel, et sur les moyens de tripler ses revenus tout en disposant de plus de temps libre.

Mark a consacré toute sa vie à une mission : déclencher des changements profonds et positifs dans la vie des gens. Tout au long de sa carrière, non seulement a-t-il su inciter des centaines de milliers de gens à se bâtir un avenir meilleur et à donner un sens à leur vie, mais il les a aidés à vendre des milliards de dollars de produits et services.

Mark a écrit de nombreux livres, dont *Future Diary*, *How to Achieve Total Prosperity* et *The Miracle of Tithing*. Il est coauteur de *Dare to Win*, de la série *Bouillon de poulet pour l'âme* et *The Aladdin Factor* (en collaboration avec Jack Canfield), ainsi que de *The Master Motivator* (avec Joe Batten).

En plus d'écrire et de donner des conférences, Mark a réalisé une collection complète d'audiocassettes et de vidéocassettes sur la prise en main. Ce matériel veut aider les gens à découvrir et à utiliser toutes leurs ressources personnelles et professionnelles. Le message que Mark transmet a fait de lui une personnalité de la radio et de la télévision. On a notamment pu le voir sur les réseaux ABC, NBC, CBS, CNN, PBS et HBO. Mark a également fait la page couverture de nombreux magazines, dont *Success*, *Entrepreneur* et *Changes*.

Mark Victor Hansen est un grand homme au grand cœur et aux grandes idées, un modèle pour tous ceux et celles qui cherchent à s'améliorer.

Jennifer Read Hawthorne

Jennifer Read Hawthorne est cofondatrice de Esteem Group, une entreprise qui offre aux femmes des programmes axés sur l'estime de soi et le développement de la personne. Conférencière professionnelle depuis 1975, elle s'est adressée à des milliers de femmes à travers le monde sur des sujets comme la croissance personnelle, le développement de soi et la réussite professionnelle.

En outre, elle dirige Hawthorne Training Services, Inc., une entreprise qui conçoit et donne des cours de rédaction technique et commerciale à des compagnies, à des organismes gouvernementaux et à des organisations éducatives. Parmi ses clients figurent des noms comme AT&T, Delta Air Lines, Hallmark Cards, The American Legion, NutraSweet, Union Pacific, The Norand Corporation, the State of Iowa, les universités Cargill et Clemson.

Jennifer s'est associée au projet *Bouillon de poulet pour l'âme* il y a quelques années, au moment où elle a commencé à travailler avec Jack Canfield et Mark Victor Hansen. À l'époque, elle donnait des conférences et des séminaires axés sur le message véhiculé par la série *Bouillon de poulet*. Déjà spécialisée dans les programmes destinés aux femmes, Jennifer s'est tout naturellement jointe à son associée Marci Shimoff ainsi qu'à Jack et Mark pour la publication de *Bouillon de poulet pour l'âme de la femme*.

Jennifer est une conférencière réputée pour son dynamisme et sa perspicacité, dotée d'un grand sens de l'humour et douée pour raconter des histoires. Dès sa plus tendre enfance, ses parents lui ont inculqué le respect et l'amour de la langue. En fait, c'est à son père aujourd'hui décédé, Brooks Read, que Jennifer attribue sa passion de conter des histoires. Maître conteur, Brooks Read avait créé un personnage, Brer Rabbit, pour donner une touche de magie à l'enfance de sa fille et lui faire sentir le pouvoir des mots.

Par la suite, Jennifer a développé sa passion de raconter des histoires en faisant de nombreux voyages à travers le monde. Lorsqu'elle a enseigné l'anglais langue seconde en Afrique de l'Ouest, en tant que bénévole pour Peace Corps, elle a découvert à quel point les histoires sont des outils universels pour instruire, émouvoir, faire grandir et nouer des liens entre les gens. Ces liens, Jennifer dit les avoir sentis au plus haut point pendant la préparation de *Bouillon de poulet pour l'âme de la femme*.

Jennifer est originaire de Bâton Rouge, en Louisiane, où elle a obtenu un diplôme de journaliste de l'université Louisiana State. Elle vit présentement à Fairfield, dans l'Iowa, avec son mari Dan et les deux enfants de celui-ci, Amy et William.

Marci Shimoff

Conférencière professionnelle et formatrice, Marci Shimoff a inspiré des milliers de personnes à travers le monde avec son message sur le développement personnel et professionnel. Au cours des seize dernières années, elle a donné des séminaires et des conférences sur l'estime de soi, la gestion du stress, la communication et le rendement optimal.

Des entreprises parmi les plus connues aux États-Unis ont fait appel à ses talents de formatrice. Parmi ses clients, on trouve AT&T, General Motors, Sears, Amoco, Western Union et Bristol-Myers Squibb. Conférencière réputée pour son humour et son dynamisme, elle a également livré son message devant des organisations professionnelles, des universités et des groupes de femmes.

Marci allie un style énergique et une solide formation. Détentrice d'un M.B.A. de l'université UCLA, elle a également étudié pendant un an aux États-Unis et en Europe dans le domaine de la gestion du stress.

En 1983, elle a participé en tant que coauteur à une étude très remarquée sur les cinquante femmes d'affaires les plus influentes aux États-Unis. Depuis ce temps, elle donne des conférences surtout à des auditoires féminins dans le but d'aider les femmes à découvrir toute la grandeur qu'elles possèdent. Avec son associée, Jennifer Hawthorne, elle a fondé l'Esteem Group, une entreprise qui offre aux femmes des programmes sur l'estime de soi et le développement de la personne.

Depuis 1989, Marci a étudié le concept de l'estime de soi avec Jack Canfield et a assisté à ses séminaires de formation annuels destinés aux formateurs. Au cours des dernières années, elle a donné des conférences axées sur le message véhiculé dans la série *Bouillon de poulet pour l'âme*, en collaboration avec Jack Canfield et Mark Victor Hansen.

Grâce à sa vaste expérience de conférencière auprès des auditoires féminins et à sa connaissance du projet *Bouillon de poulet*, Marci s'est jointe à Jennifer, Jack et Mark pour écrire *Bouillon de poulet pour l'âme de la femme*.

Marci a travaillé sur de nombreux projets au cours de sa carrière, mais aucun ne lui a procuré autant de satisfaction que la préparation de *Bouillon de poulet pour l'âme de la femme*. L'idée de publier un livre qui pourrait émouvoir et encourager des millions de femmes l'a tout particulièrement enchantée.

Autorisations

Nous aimerions remercier tous les éditeurs ainsi que les personnes qui nous ont donné l'autorisation de reproduire leurs textes. (Remarque : Les histoires qui sont de source anonyme, qui appartiennent au domaine public et qui ont été écrites par Jennifer Read Hawthorne ou Marci Shimoff ne figurent pas dans cette liste.)

Le gardénia blanc. Reproduit avec l'autorisation de Marsha Arons. © 1995 Marsha Arons.

Trois petits mots. Reproduit avec l'autorisation de Bobbie Lippman. © 1995 Bobbie Lippman.

Les présents d'amour. Reproduit avec l'autorisation de Sheryl Nicholson. © 1996 Sheryl Nicholson.

L'autre femme. Extrait du magazine *Woman's Day*. Reproduit avec l'autorisation de David Farrell. © 1995 David Farrell.

Ramona. Reproduit avec l'autorisation de Betty Aboussie Ellis. © 1996 Betty Aboussie Ellis.

Les chandeliers électriques. Reproduit avec l'autorisation de Marsha Arons. © 1996 Marsha Arons.

Plus qu'une bourse d'études. Reproduit avec l'autorisation de Stephanie Bullock. © 1996 Stephanie Bullock.

Ça ne peut faire de mal. Reproduit avec l'autorisation de Sandy Ezrine. © 1996 Sandy Ezrine.

Bonne nuit, ma chérie. Reproduit avec l'autorisation de Stanley Volkens. © 1982 Phyllis Volkens.

Le cadeau de grand-papa. Reproduit de *In Search of Kinship, Modern Pioneering on the Western Landscape* de Page Lambert. © 1996 par Page Lambert, publié par Fulcrum Publishing, 350 Indiana St., Suite 350, Golden, CO 80401.

1 716 lettres. Reproduit avec l'autorisation de Louise Shimoff. © 1996 Louise Shimoff.

L'ingrédient secret de Martha. Reproduit avec l'autorisation du magazine *Reminisce*. © 1991.

La légende des deux villes, *Au nom de la justice*, *Faire une pause* et *La pierre précieuse d'une sage*. Extraits de *The Best of Bits*

& Pieces. Reproduit avec l'autorisation de The Economics Press Inc. © 1994 The Economics Press.

La pirate. Reproduit avec l'autorisation de Marjorie Wallé. © 1996 Marjorie Wallé.

Que cultivez-vous ? Reproduit avec l'autorisation de Philip Chard. © 1994 Philip Chard.

Grand-maman Ruby. Reproduit avec l'autorisation de Lynn Robertson. © 1996 Lynn Robertson.

Problème ou solution ? Reproduit avec l'autorisation de Edgar Bledsoe. © 1996 Edgar Bledsoe.

La véritable beauté. Reproduit avec l'autorisation de Charlotte Ward. © 1996 Charlotte Ward.

Le mot d'Angela. Reproduit avec l'autorisation de Barbara K. Bassett. © 1996 Barbara K. Bassett.

Dites seulement oui. Reproduit avec l'autorisation de Fran Capo. © 1996 Fran Capo.

Le don du bavardage. Reproduit avec l'autorisation de Lynn Rogers Petrak. © 1996 Lynn Rogers Petrak.

L'épouvantail de la classe. Reproduit avec l'autorisation de Linda Jessup. © 1996 Linda Jessup.

Nous revenons de loin. Reproduit avec l'autorisation de Pat Bonney Shepherd. © 1996 Pat Bonney Shepherd.

Quelle tête ! Reproduit avec l'autorisation de Jennifer Rosenfeld et Alison Lambert. © 1996 Jennifer Rosenfeld et Alison Lambert.

Je veux être comme vous. Reproduit avec l'autorisation de Carol Price. © 1996 Carol Price.

La voiturette rouge. Reproduit avec l'autorisation de Patricia Lorenz. © 1995 Patricia Lorenz.

Les empreintes de la vie. Reproduit avec l'autorisation de Diana Golden. © 1996 Diana Golden.

La liberté. Reproduit avec l'autorisation de Laurie Waldron. © 1996 Laurie Waldron.

Les larmes de joie. Reproduit avec l'autorisation de Joan Fountain. © 1996 Joan Fountain.

Retour à la maison. Reproduit avec l'autorisation de Jean Bole. © 1996 Jean Bole.

Une poignée d'émeraudes. Reproduit avec l'autorisation de Rebecca Christian. © 1996 Rebecca Christian.

Perdu et retrouvé. Reproduit avec l'autorisation de Elinor Daily Hall. © 1996 Elinor Daily Hall.

La carte de Saint-Valentin. Reproduit avec l'autorisation de Elaine Reese. © 1996 Elaine Reese.

Pour toute la vie. Reproduit avec l'autorisation de Jeanne Marie Laskas. © 1996 Jeanne Marie Laskas.

Tu ne regretteras rien. Reproduit avec l'autorisation de Word, Inc. Extrait de *Everyday Miracles* de Dale Hanson Bourke. © 1991 Dale Hanson Bourke. Tous droits réservés.

En te regardant dormir. Extrait de *Full Esteem Ahead*. © 1994 de Diane Loomans et Julia Loomans. Reproduit avec l'autorisation de H.J. Kramer. Tous droits réservés.

La fugue. Reproduit avec l'autorisation de Lois Krueger. © 1996 Lois Krueger.

La journée de la rentrée. Reproduit avec l'autorisation de Mary Ann Detzler. © 1996 Mary Ann Detzler.

Par amour pour toi, mon enfant. Reproduit avec l'autorisation de Patty Hansen. © 1996 Patty Hansen.

La fête des mères. Reproduit avec l'autorisation de Sharon Nicola Cramer. © 1996 Sharon Nicola Kramer.

J'étais pressée. Reproduit avec l'autorisation de Gina Barrett Schlesinger. © 1996 Gina Barrett Schlesinger.

La bonté ne se mesure pas. Reproduit avec l'autorisation de Donna Wick. © 1996 Donna Wick.

Le dernier pot de confiture. Reproduit avec l'autorisation de Andy Skidmore. © 1996 Andy Skidmore.

Conte de Noël. Reproduit avec l'autorisation de Beverly M. Bartlett. © 1996 Beverly M. Bartlett.

Les tennis de Mme Bush. Reproduit avec l'autorisation de Christine Harris-Amos. © 1996 Christine Harris-Amos.

Léger comme une plume. Reproduit avec l'autorisation de Melody Arnett. © 1996 Melody Arnett.

365 jours. Reproduit avec l'autorisation de Rosemarie Giessinger. © 1996 Rosemarie Giessinger.

La face cachée des êtres. Reproduit avec l'autorisation de Grazina Smith. © 1996 Grazina Smith.

Le vent dans les ailes. Reproduit avec l'autorisation de Jean Harper. © 1996 Jean Harper.

Que voulez-vous devenir ? Reproduit avec l'autorisation du révérend Teri Johnson. © 1996 Révérend Teri Johnson.

Les A.I.L.E.S. Reproduit avec l'autorisation de Sue Augustine. © 1996 Sue Augustine.

Grand-maman Moses et moi et *Une chambre pour soi*. Reproduits avec l'autorisation de Liah Kraft-Kristaine. © 1996 Liah Kraft Kristaine.

Nous sommes tous ici pour apprendre. Reproduit avec l'autorisation de Charles Slack et du *Reader's Digest*. © 1995 Charles Slack.

Ma rencontre avec Betty Furness. Reproduit avec l'autorisation de Barbara Haines Howett. © 1996 Barbara Haines Howett.

Les grands-mamans dansantes. Reproduit avec l'autorisation de Beverly Gemigniani. © 1996 Beverly Gemigniani.

Histoire d'amour moderne pour gens de 70 ans et plus. Reproduit avec l'autorisation de Lillian K. Darr. © 1996 Lillian K. Darr.

Let It Be. Reproduit avec l'autorisation de K. Lynn Towse et Mary L. Towse. © 1996 K. Lynn Towse et Mary L. Towse.

Nous ne sommes pas seuls. Reproduit avec l'autorisation de Mary L. Miller. © 1996 Mary L. Miller.

Un miracle à Toronto. Reproduit avec l'autorisation de Sue West. © 1996 Sue West.

Histoire de guerre. Reproduit avec l'autorisation de Maureen Read. © 1996 Maureen Read.

Un lien viscéral. Reproduit avec l'autorisation de Susan B. Wilson. © 1996 Susan B. Wilson.

L'amour à son plus haut degré. Reproduit avec l'autorisation de Suzanne Thomas Lawlor. © 1996 Suzanne Thomas Lawlor.

Pourquoi les choses sont telles qu'elles sont ? Reproduit avec l'autorisation de Christy Carter Koski. © 1996 Christy Carter Koski.

La mise au monde. Reproduit avec l'autorisation de Kay Cordell Whitaker. © 1996 Kay Cordell Whitaker.

Promenade au bord du lac. Reproduit avec l'autorisation de Rita Bresnahan. © 1996 Rita Bresnahan.

Devenir une femme. Reproduit avec l'autorisation de Doni Tamblyn. © 1996 Doni Tamblyn.

Hommage à mon père. Reproduit avec l'autorisation de Debra Halperin Poneman. © 1996 Debra Halperin Poneman.

Souvenirs d'enfance. Reproduit avec l'autorisation de Sasha Williams. © 1995 Sasha Williams.

La trame de nos vies. Reproduit avec l'autorisation de Ann Winterton Seely. © 1992 Ann Winterton Seely.

Hommage aux femmes que j'ai rencontrées. Reproduit avec l'autorisation de Melissa M. Bowers. © 1996 Melissa M. Bowers.

Bien-être

7251

Composition Nord Compo
Achevé d'imprimer en Europe (France)
par Maury-Eurolivres à Manchecourt
le 10 mai 2002.
Dépôt légal mai 2002. ISBN 2-290-31847-7

Éditions J'ai lu
84, rue de Grenelle, 75007 Paris
Diffusion France et étranger : Flammarion